光明社科文库
GUANGMING DAILY PRESS:
A SOCIAL SCIENCE SERIES

·经济与管理书系·

U0113322

"一带一路"合作共赢框架下
中国与沿线国家产业转移研究

彭　薇 | 著

光明日报出版社

图书在版编目（CIP）数据

"一带一路"合作共赢框架下中国与沿线国家产业转移研究 / 彭薇著. -- 北京：光明日报出版社，2021.5

ISBN 978 - 7 - 5194 - 5944 - 4

Ⅰ.①一… Ⅱ.①彭… Ⅲ.①"一带一路"—国际合作—产业转移—研究 Ⅳ.①F269.1

中国版本图书馆 CIP 数据核字（2021）第 066917 号

"一带一路"合作共赢框架下中国与沿线国家产业转移研究

"YIDAI YILU" HEZUO GONGYING KUANGJIAXIA ZHONGGUO YU YANXIAN GUOJIA CHANYE ZHUANYI YANJIU

著　　者：彭　薇

责任编辑：史　宁　　　　　　　　责任校对：姚　红

封面设计：中联华文　　　　　　　责任印制：曹　净

出版发行：光明日报出版社

地　　址：北京市西城区永安路 106 号，100050

电　　话：010 - 63169890（咨询），63131930（邮购）

传　　真：010 - 63131930

网　　址：http://book.gmw.cn

E - mail：shining@ gmw.cn

法律顾问：北京德恒律师事务所龚柳方律师

印　　刷：三河市华东印刷有限公司

装　　订：三河市华东印刷有限公司

本书如有破损、缺页、装订错误，请与本社联系调换，电话：010 - 63131930

开　　本：170mm×240mm

字　　数：115 千字　　　　　　　　印　　张：10.5

版　　次：2021 年 5 月第 1 版　　　　印　　次：2021 年 5 月第 1 次印刷

书　　号：ISBN 978 - 7 - 5194 - 5944 - 4

定　　价：85.00 元

前　言

　　开放带来进步，封闭必然落后。在长期的建设和改革实践中，我国对开放规律的认识不断深化。"一带一路"倡议是中国改革开放的进一步深化，是开放东、中、西各大区域的空间推进与发展层次上的提升，也是世界经济合作模式的创新。面对当前全球经济放缓和第五次国际产业转移的浪潮，"一带一路"倡议应运而生，不仅为中国和沿线各国互利共赢、共同发展提供了良好平台，让各国共同打造开放、包容、均衡、普惠的区域经济合作框架成为可能，也为深化地区合作创造了更便利的联通条件，有利于更好地实现沿线国家之间产业跨境转移和产业结构的优化升级。自"一带一路"倡议提出以来，我国对沿线国家的对外直接投资（OFDI）增长迅速，并已经成为中国企业参与"一带一路"建设，进行国际产业转型升级以及国际产能合作的重要形式。一定的发展梯度、良好的产业承接基础以及不断完善的产业承接环境将促进中国向沿线发展中国家进行大规模的国际产业转移，产业转移模式的不断丰富也为中国投资沿线技术发达国家并吸收引进先进技术带来可能。

国际产业转移是当今世界各国普遍关注的话题。所谓国际产业转移，是指在经济全球化的背景下，随着客观经济环境的变化，如资源供给或产品需求情况发生变化，产业由高经济梯度的国家或地区转移到低经济梯度的国家或地区，从而表现出产业超越国家界限的移动。产业转移所涉及的内容非常广泛，不仅仅是简单的设备转移，同时也包括与某一产业有关的资金、技术等各种生产要素的转移。从世界范围来看，第二次世界大战后，全球出现了五次大规模的国际产业转移，每一次转移都促进了转出国产业结构的优化，加快了承接国的工业化进程，并进一步推动了经济全球化和世界一体化进程。每一次大的浪潮均有其独特的社会经济背景，其转移原因、转移产业及流向均有变化，并呈现出不同的阶段性。冷战推动了第一次国际产业转移（1950—1960）。"二战"后，美国借助战胜国的有利地位，把具有重大战略意义的钢铁、纺织等传统产业转移到战败的日本和联邦德国，自己则集中力量发展半导体、通信、电子等新兴技术密集型产业。1960—1970年的美元危机影响了第二次国际产业转移。受美元危机影响，美国和日本为维持竞争优势，增加了对东南亚国家纺织、电器等劳动密集型产业的投资，产业转移主要由"亚洲四小龙"承接。这一时期美日集中力量发展化工、汽车和机械等资本密集型产业。1970年后出现了两次大的石油危机，能源材料价格上涨，迫使发达国家进行产业调整，大力发展技术密集型产业，以此抵御能源对经济的冲击。与此同时，"亚洲四小龙"抓住发达国家产业调整的机会，消化吸收资本密集型产业，并将部分劳动密集型产业向东盟等国家转移而实现了全球第三次产业转移。第四次产业转移则伴随着全球普遍性的滞胀而出现。日本企业加快了以亚洲为中心的大规模海外生产基地建设，与美国争夺高技术产业领域"制高点"。而"亚洲四小龙"抓住机遇，获得了迅速发展，成为新兴工业化国家（地区），亚洲其他国家如泰国、印尼、马来西亚、中国等获得了快速的发展。亚洲金融危机深化了第五次国际产业转移。亚洲国家在金融危机中受到了严重冲击，日本经济吸纳区域产品的能力下降，对外产业转移的进程放慢，"亚洲四小龙"经济深陷困境。而在此期间，中国经济成功抵御了危机，已基本形成完整的产业体系，并逐渐成为世界上吸引外商直接投资最多的国家之一。但是我们也要注意，随着经济全球化进程的纵深推进，中国原有的劳动力成本比较优势正发生着变化，使得长期依赖于低劳动力成本的中国制造业面临巨大挑战，周边国家如东盟、印度已经重新凸显出它们在劳动力成本方面的优势。当前，科技的发展、经济全球化的推进以及世界经济环境的变化，对又一次国际产业转移提出了需求。现今的国际产业转移已由产业结构的梯度转移逐步演变为增值环节的梯度转移。对于作为国际产业转移主体的跨国公司来说，生产的含义不限于制造过程，而是广义的增值过程。

至今，"一带一路"倡议实施已六年有余，这一倡议的实施是否已对中国经济产生影响？在"一带一路"倡议下中国企业与产业如何"走出去"？主要向哪里"走出去"？"走出去"的中国资本会如何推动中国以及沿线各国产业的转型升级？这些问题都亟须研究。基于此，本书通过研究中国面向"一带一路"产业转移的国别选择及效应分析，以期为中国通过"一带一路"倡议加强与世界各国经济良性互动与经济合作提供借鉴意义。本书采用定量与定性相结合、理论与实证相结合的研究方法，在详细分析中国与"一带一路"国家产业建设与转移近况以及沿线国家经济社会环境的基础上，利用扩展的引力模型和世界投入产出表确认中国与沿线国家产业转移的方向与程度，并进一步探讨了中国的产业国际转移将带来的效应，最后在此基础上得到全书的研究结果和提出相关政策建议。本书共分为七大部分：

第一部分为本书的引言部分，简要介绍了选题背景、理论与现实意义，阐述了"一带一路"倡议的战略意义以及国际产业转移的概念内涵，由此构建本书的研究思路、研究框架、研究方法以及技术路线等。

第二部分为本书的理论基础和文献综述，梳理总结了包括区位理论、边际产业扩张理论、投资发展周期理论、全球价值链分工理论等关于产业转移的相关理论，并从产业转移的动因与方式、产业转移的测度以及产业转移的福利效应等方面进行相关文献的综合分析与评述。

第三部分为"一带一路"倡议的提出及产业转移的契机分析。首先，简要总结中国提出并推动"一带一路"倡议的发展历程；其次，分析了当前世界经济的发展态势，着重分析了全球化发展中为新的国际产业转移提供的机遇与挑战；最后，从"一带一路"倡议沿线产业转移双方（中国与沿线国家）两个角度，分析了各自基础及优势。

第四部分为基于拓展引力模型的"丝绸之路经济带"产业转移研究。通过采用拓展的引力模型，建立分析中国对沿线国家产业转移影响因素的研究框架，利用2003—2017年中国对外直接投资数据进行实证检验，并通过比较实际值与预测值差异判断产业转移潜力。

第五部分为基于世界投入产出模型的中国与沿线国家产业转移研究。国家间投入产出（inter‐country input‐output，ICIO）模型能够系统、全面地反映各国或地区（简称经济体）之间的贸易及经济的关联情况。ICIO 模型已成为当前贸易增加值测算的有效工具。这一部分将利用世界投入产出关系表，测度区域对区域的直接消耗系数矩阵、直接消耗流量矩阵，并得到表示产业转移的最终需求矩阵。

第六部分为基于直接投资视角的中国与沿线国家产业转移效应评价研究。这一部分尝试利用企业层面数据，首先通过倾向得分匹配（PSM）筛选"接近"的非投资企业作为对照组。再通过倍差法（DID）探究对比企业进行对外直接投资与国内投资影响企业盈利能力的差距，分行业、投资目的地考察对外直接投资对企业的产出增长和技术进步的影响，对转移的微观成效进行判断。

第七部分为中国与沿线国家产业转移的结论与启示。根据上述研究与分析结果，从资源互联互通、制度共建共守、利益共分共享等方面对中国与沿线国家通过国际产业转移实现产业结构优化升级与区域社会经济福利提升提出政策建议，并对中国产业与企业"走出去"的发展重点与发展路径提供参考。

本书获得全国统计科学研究项目（2017LY86）以及教育部人文社会科学项目（19YJC79099）的支持，西南财经大学李起铨为本书数理分析部分的编写提供了极大的帮助，北京师范大学珠海分校蔡依桐、邢紫航、郑胤参与了书稿的讨论与修改，并在本书的编写过程中提出了很好的建议，在此一并表示感谢。由于时间和水平有限，书中难免有一些错漏与不足之处，恳请各位读者批评指正。

彭 薇

2020 年 2 月 2 日

目　录
CONTENTS

第一章

导　论

一、选题的依据与研究意义

（一）研究背景与选题依据

2013 年 9 月和 10 月，中国国家主席习近平在出访中亚和东南亚国家期间，先后提出共建"丝绸之路经济带"和"21 世纪海上丝绸之路"。2015 年 3 月 28 日，习近平主席在博鳌亚洲论坛 2015 年年会开幕式上告诉世界："'一带一路'建设不是空洞的口号，而是看得见、摸得着的实际举措，将给地区和国家带来实实在在的利益。"① 同日，国家发改委、外交部、商务部联合发布《推动共建丝绸之路经济带和 21 世纪海上丝绸之路的愿景与行动》，从时代背景、共建原则、框架思

---

① 习近平主席在博鳌亚洲论坛 2015 年年会上的主旨演讲（全文）［EB/OL］. 新华网，2015 - 03 - 29.

路、合作重点、合作机制等方面全面阐述了"一带一路"的内涵与布局。2017年5月14日至15日第一届"一带一路"国际合作高峰论坛在北京顺利召开，这是又一场中国重要的主场外交活动，再一次强调了"一带一路"发展的重要性及挑战性。"一带一路"倡议的提出，不仅为各国开展更大范围、更高水平、更深层次的区域合作提供了平台，让各国共同打造开放、包容、均衡、普惠的区域经济合作框架成为可能，也为深化地区合作创造了更便利的联通条件，有利于更好地实现沿线国家之间产业跨境转移和产业结构的优化升级。截至目前，我国已与100多个国家签署了共同建设"一带一路"的合作文件。共同建设"一带一路"这个重大倡议和其核心理念已被二十国集团、亚太经合组织、联合国等国际上重要的机制、组织作为成果文件，"一带一路"达成了国际合作的共识，并且在国际上形成了一同建设"一带一路"的氛围。

值得注意的是，目前沿线各国正处于产业转型升级的重要时间节点，"一带一路"的战略合作也将成为中国与沿线国家之间产业转移的重要平台与渠道。从全球价值链来看，经济全球化和区域一体化趋势日益加强，区域与区域之间经济合作日益增多，各国生产要素不断跨越国界实现优化配置，经济结构在世界范围内进行调整，国际利益不断融合，国家安全的内涵也不断突破。由此，国际分工进一步深化，促进了经济多级化发展，同时也带来了经济发展模式的不断创新。新的国际产业转移浪潮呈现明显扩大和加速的趋势，国际产业转移的主体愈加多元，转移方向更为多样，产业转移方式逐渐由梯度转移转向价值链转移。2008年国际金融危机之后，世界经济复苏乏力，发达经济体经济增速放缓，世界经济步入深度调整与结构再平衡的新时代。与此同时，生产和贸易全球化不断深入发展，以大规模跨国投资驱动、高增长中间品贸易为特征的全球价值链步入深度结构调整阶段。在全球价值链重构的背景下，以中国为代表的"一带一路"沿线国家具有了突破原有分工模式的需求，逐渐寻求向价值链中高端迈进，新兴经济体的发展进入全球视野。另外，国际贸易和投资规则面临重构，亟待"一带一路"沿线第三极国家登上世界舞台予以驱动和平衡，重塑世界经济格局。新形势下，坚持"引进来"与"走出去"并重，就是要进一步挖掘双向投资潜力，促进要素自由流动、资源高效配置和市场深度融合，为发展开放型世界经济注入新动能。一是继续稳步扩大对外投资。充分发挥市场在资源配置中的决定性作用，以企业为主体、市场为导向扩大对沿线国家投资。积极开展产能合作，引导我国企业到沿线国家投资设厂，与有条件、有意愿的沿线国家共建经贸合作区，帮助东道国提升工业化水平。充分发挥我国装备制造业优势，引导企业参与沿线基础设施建设。加强沿线国家能源资源和农业合作开发，延伸产业链。二是鼓励沿线国家来华投资。积极开展"一带一路"投资促进工作，发挥好国家级经济技术开发区、边境经济合作区、跨境经济合作区等平台作用，吸引沿线企业到我国投资兴业，特别是投向高新技术产业、先进制造业和现代服务业，支持国内实体经济发展。三是营造投资合作良好环境。提升政府公共服务水平，及时发布投资环境、产业合作和国别指南等信息。推动与沿线国家商签订或修订双边投资、领事保护、司法协助、人员往来便利化等条约和协定，为企业投资创造有利条件。四是促进贸易双向平衡。办好中国国际进口博览会，搭建好经贸交流新平台，进一步主动向世界开放市场。优化出口商品结构，提高传统优势产品的竞争力，壮大装备制造等新的出口主导产业。加强跨境电子商务合作，大力发展服务贸易，培育贸易新增长点。

不仅如此，当前全球能源、资源和基础设施建设已经呈现短缺的状态。如果"一带一路"沿线国家延续近代以来西方现代化发展的过程，依赖能源资源高消耗发展经济，必然会加剧能源、资源和基础设施的紧张，并引发全球生态系统的极大压力。由此可见，中国及沿线国家亟待寻求一种国际合作新形式，创造适合未来国际发展的模式，适应经济全球化发展。

（二）研究意义

1. 理论意义

"区域经济一体化"的概念自荷兰经济学家丁伯根（Tinbergen，1954）首次正式提出以来，引起了广泛而持久的讨论，涌现出了丰硕的成果，是近半个世纪以来相关领域研究的重要论题之一。他认为，经济一体化就是将有关阻碍经济最有效运行的人为因素加以消除，通过相互协调与统一，创造最适宜的国际经济结构。而特定区域"经济带"的形成在一定程度上就是"区域经济一体化"的一个缩影。"经济带"在区域形态上是一种结节区，是一群虽然异质，但在功能上关系却极为密切的地区，或者是"一个场所、一个核心和在它们边缘地区的、明确程度不同的变化梯度"（迪金森，1980）。"丝绸之路经济带"和"21世纪海上丝绸之路"的建设是一个从要素迁移到产业集聚，从产业集群到贸易投资便利化，再从贸易投资便利化到区域经济一体化的动态演进过程。基于新经济地理或空间经济学的理论框架，在稀缺条件下实现要素在"一带一路"沿线国家间的有序配置和自由流动，不仅有利于中国与"一带一路"沿线国家间要素资源禀赋的价值实现与增值，还可以通过空间聚集的自我强化作用推动"一带一路"沿线空间经济结构的变化、调整和优化，为"一带一路"经济带发展提供稳定的动力机制。

纵观国内外相关研究文献，虽然已有对"一带一路"概念内涵，"一带一路"文化、制度与跨界融合，"一带一路"经贸合作及产业合作等方面的研究成果，但讨论我国与"一带一路"沿线国家产业转移的系统性研究还不多。尤其是对产业转移的内在条件、产业转移测度以及从微观视角研究产业转移绩效的讨论还较少。我们的研究希望从上述方向予以补充和拓展。

2. 现实意义

师古化之，借古开今。2013 年 9 月 7 日，习近平总书记在哈萨克斯坦发表题为《弘扬人民友谊 共创美好未来》的重要演讲，倡议用创新的合作模式，共同建设"丝绸之路经济带"，并将其作为一项造福沿途各国人民的大事业。2015 年 3 月，在海南博鳌亚洲论坛上，国家发改委、外交部和商务部联合发布了《推动共建丝绸之路经济带和 21 世纪海上丝绸之路的愿景与行动》，这标志着具有战略意义的"一带一路"构想进入了全面推进实施的阶段。沿线国家之间具有深厚的历史、经济、文化渊源，具备了国与国之间新一轮产业的"引进来"与"走出去"的基础。

目前，我国正面临着经济增速放缓、部分行业存在产能过剩、经济社会可持续发展面临困境等问题。这些现象的产生与形成，与我国的产业结构没有随着比较优势的转变进行同步转型升级有很大关系，我国产业结构调整与升级迫在眉睫。目前，中国在"一带一路"沿线国家共有 70 多个在建的经济产业合作区项目，年产值超过 200 亿美元，为当地创造 20 万个就业机会。全球经济分工体系不断深化，基于动态比较优势的国际产业转移也在全球各区域间发生，并带来了参与各国及地区在全球价值链的位置变化。"一带一路"倡议的实施，对于促进区域经济和贸易的发展，推动劳动、资本、技术等关键生产要素在国际流动有着重要的意义，同时也为我国进行产业结构转型升级提供了很好的机遇。在此背景下，本书研究"一带一路"合作对我国产业转移与传统产业升级转型程度、影响因素及其效果，对于确认我国参与全球价值链分工的情况，"一带一路"沿线国家在全球价值链中的地位及各自的产业国际竞争力具有重要的现实意义。

二、核心概念的界定

（一）"一带一路"倡议

"一带一路"倡议是习近平同志深刻思考人类前途命运以及中国和世界发展大势，为促进全球共同繁荣、打造人类命运共同体所提出的宏伟构想和中国方案，是习近平新时代中国特色社会主义思想的有机组成部分，开辟了我国参与和引领全球开放合作的新境界（《人民日报》，2019）。

从地理区位上看，"一带一路"在地理上贯串亚欧非三个大陆，各有不同的路线和走向，横向贯串了中国的各大区域，东、西两端分别连接亚欧经济圈。"一带一路"是对古丝绸之路的传承和提升，依旧承担着中国与沿线经贸和文化交流的重任，其中"丝绸之路经济带"大致有三个走向：一是经中亚、俄罗斯到达欧洲，是较为偏北的一条，覆盖中蒙俄经济合作走廊；二是经中亚、西亚至波斯湾、地中海，串联战略中心区域，直达欧洲南部；三是经东南亚、南亚到印度洋，打破传统的西北走向，以带动东南、西南地区，打通中国—中南半岛经济合作走廊，与海上丝绸之路交相辉映。"21世纪海上丝绸之路"有两大方向，第一条路线较长，由中国东部沿海经过南海到印度洋，直到欧洲，与第二、第三走向的丝绸之路经济带覆盖区域有所重叠；第二条路线较短，由中国沿海港口经过南海到南太平洋。

从世界政治经济格局来看，"一带一路"也是中国改变过去30余年对外开放模式的更为深化的对外开放战略，是中国发挥经济大国及地缘政治优势，主动推进沿线多边贸易、交流合作、互利共赢的平台，同时也是中国适应世界经济发展大势，契合中国与沿线各国的共同利益需求所提出的。"一带一路"有望借助世界经济格局向"双环流"模式转换，改变全球经济贸易的现存格局，构筑新的大循环，成为世界第三大经济发展空间，搭建一个新的"全球价值链伙伴关系"（陶瑞妮，2018；张理娟，2017）。

"一带一路"倡议归根到底是经济合作倡议。经济是领域，是平台，是内容，是手段，也是目标。从政策角度而言，"一带一路"在对外经济政策运用上有新的重大发展，充分体现了新时期中国政府统筹运用各种经济政策的战略意识和协调能力（宋友国，2017）。第一，经济政策的综合运用。与以往经济合作倡议相比，"一带一路"是包含和运用经济政策种类最多的倡议。"一带一路"不仅仅是自由贸易协定，这一点和 RCEP 以及中国东盟自贸区升级版有着明显区分。"一带一路"不仅仅是金融合作，这一点和以清迈协议为核心的东亚金融合作有着显著不同。"一带一路"也不是扩大贸易总额或者平衡贸易，这一点与两国之间的贸易合作倡议存在差异。"一带一路"虽然不是这些单个领域的经济合作倡议，却把上述这些经济政策都纳入一揽子政策当中。第二，经济政策的升级运用。中国国内正在深化经济转型，大量优质富余产能和先进装备技术可以向"一带一路"国家转移，"一带一路"不是简单地转移过剩产能，也不是单纯地为中国国内经济发展服务，而是要在共建的基础上实现中国和沿带沿路国家和区域的共赢。这需要有意识地升级经济政策，更好地吸引沿带沿路国家参与，便利它们和中国开展经贸合作。第三，经济政策的创新运用。"一带一路"本身就是经济合作政策的重大创新。在这个创新当中，还孕育了其他经济政策和工具的创新，特别是金融领域的创新。首先是亚洲基础设施投资银行（亚投行）的创立。以基础设施建设为核心的互联互通是"一带一路"建设的前提和重要内容。第四，经济政策的定制运用。"一带一路"是中央政府倡议的政策，具有普遍性意义，但是沿带沿路国家的政治、经济等情况具有很大不同，无法采取标准化的单一模板。根据沿带沿路国家和区域的经济发展特点，中国政府有针对性地结合不同经济体特点确立了定制性的安排和设计。

（二）区域产业转移

产业转移现象很早就被来自国内外不同学科的学者发现并受到了广泛关注。国外比较有代表性的研究包括日本经济学家赤松要（Kaname Akamutsu，1932）提出的"雁行产业转移论"，雷蒙德·弗农（Raymond Vernon，1966）提出的"产品生命周期论"，小岛清（Kyoshi Kojima，1978）提出的"边际产业扩张论"以及后来的"梯度推移理论""新经济地理论"等。然而，对于什么是产业转移，国外明确的、系统的研究并不多见。在国内，对于产业转移的概念，由于研究视角和研究范围的多样化，学者提出的产业转移的概念并没有形成统一认识。例如，顾朝林（2003）认为产业转移不仅是一个空间概念，而且是一个具有时间和空间维度的动态过程，是一个历时与共时兼容的经济现象。它既是对生产要素空间移动的描述，也是对不同产业部门形成与演进历史的梳理（管昊，2016）。华克思（2017）认为产业转移是指由于生产要素、环境、供需等的改变，国家或地区为促进当地的经济发展，将产业转到其他国家或地区的现象，是区域产业结构调整的结果。产业转移与产业承接实际上是一个行为的两个方面。魏后凯（2006）则从微观企业空间扩张的视角来解释产业、企业的跨区域转移。从地理范围来看，企业在建立初期将经济活动集中在某一个地区，随着企业经济实力和竞争能力的增加，一些企业在海外增益分支机构和制造企业，从而发展成为跨国企业甚至全球企业，从而实现企业资源配置空间扩展。王云平（2013）突出产业转移量的界定，认为"产业转移是由于某种条件的变化而引起某产业在相互联系的区域间相对规模变化的过程，产业规模相对增加和相对减少的区域分别被认为是产业区域转移中的产业转入地和产业转出地"。张公嵬等（2010）认为产业转移包括两种情形：一是产（企）业在地理位置上的部分或整体迁移，二是产业区位的变化。比如，劳动密集型产业主要在沿海地区，现在中西部地区的劳动密集型产业份额在上升，沿海地区的产业份额下降可能是产业空间迁移的结果，也可能是企业倒闭、产业衰落的结果。同样，中西部地区劳动密集型产业份额上升，可能是承接沿海地区企业迁移，也可能是本地区的新增投资。

国际产业转移是开放经济发展的产物，是区域合作互信的表现，也是全球化进程根据比较优势进行分工的产物，是指各国资源供给、技术经验和经济演进阶段差异使得某类产业出现了跨国家的转移。通常是转移主体按照区域比较优势原则转移，随着产业内分工的发展，企业把生产、销售甚至研发等不同的环节转移到更具有优势的其他国家或地区，呈现出该产业在空间分布的迁移，转移大致可分为边际产业全部、边际产业边际部门、国际分工价值链中低端环节、部分国际分工价值链高端环节的转移。国际产业转移主要通过跨国的直接投资和国际贸易的方式，近几年股权合作、离岸外包等也成为国际产业转移的新形式。

结合前人的研究成果与当前国际产业转移的典型特征，本书中所指的产业转移具有以下几个特点。（1）区域间存在产业级差是产业转移的前提条件。由于"一带一路"沿线国家要素禀赋不同、制度环境不同，不可避免存在经济发展不平衡，导致国家（或地区）与国家（或地区）之间的主导产业存在明显的产业级差。正是这些区域间产业级差的存在促使产业转移的发生成为可能。（2）区域之间的要素流动是产业转移的主要内容。由于产业转移通常通过跨区域直接投资和跨区域贸易等方式实现，这就要求资本、技术、劳动力等生产要素可以跨地区流动，重新组合形成新的生产力和产业规模。因此，生产要素能否在不同地区之间流动，以及流动的自由程度大小，决定着产业转移程度的大小。（3）文化、制度、地理距离、技术溢出程度等因素是影响产业转移方向与程度的重要动力。

三、研究思路与主要内容

（一）研究思路与技术路线

本研究以共建"一带一路"为战略背景，以区域经济学、新经济地理学、国际经济学相关理论为基础，构建沿线国家产业转移与升级转型的研究框架。通过分析中国与沿线国家近十年的产业空间运动的特征、趋势与格局，利用拓展的引力模型及世界投入产出表进一步确认沿线国家之间产业转移程度与方向。以此为基础，利用 PSM、DID 模型建立我国产业"走出去"的绩效评价模型，从微观企业跨国并购的视角确认产业转移对企业绩效优化的效应，并通过实证数据对这一效应进行检验。本研究期望通过以上分析，一方面客观认识"一带一路"沿线国家参与国际产业分工的程度、模式和地位；另一方面从资源互联互通、制度共建共守、利益共分共享等方面对中国与沿线国家通过国际产业转移实现产业结构优化升级与区域社会经济福利提升的视角提出政策建议，并对中国产业与企业"走出去"的方向与发展路径提供参考。

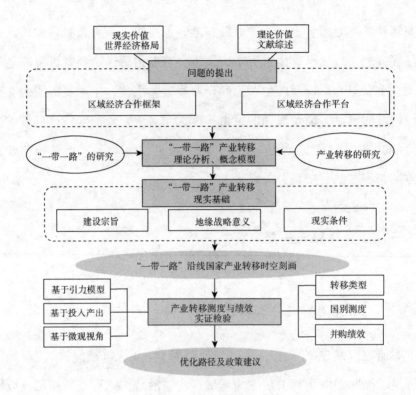

图 1-1　本研究的技术路线

（二）研究的主要内容

1. 产业的跨区跨国转移：理论基础与机理分析

总结概括区位选择理论、发展经济学、国际直接投资以及新经济地理学视角下产业跨区跨国转移的基本理论，并综述国际产业转移内容、动因、效应等方面的研究成果。以此为基础，提出本研究关于中国与沿线国家产业转移的战略意义与机理，基于全球价值链分解产业分工机制、核心边缘产业集聚机制、地缘政治与经济形成的区域经济集团化三个维度解释沿线产业跨国转移。

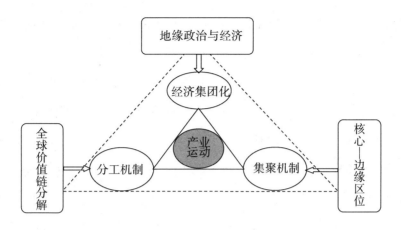

图 1-2 沿线国家产业转移的机理分析

2. 中国与沿线国家产业转移：现状与格局

依托统计资料，从不同维度对中国与沿线国家产业转移的现状与格局进行分析。近年来，随着国际贸易与国际直接投资的迅猛发展，传统的产业转移模式中演变出了以离岸外包、全球协作以及企业战略联盟等模式进行产品生产的全球化分工与合作，将产品不同阶段、不同部分的生产在全球范围内进行转移和配置。

3. 基于拓展的引力模型的"丝绸之路经济带"产业转移

基于地缘经济的视角，从沿线国家贸易与投资新格局的形成、全球价值链产业分工变化以及地缘政治格局的重塑等方面，分析中国与"丝绸之路经济带"沿线国家产业转移的基础与条件。通过采用拓展的引力模型建立分析中国对沿线国家产业转移影响因素的研究框架，利用2003—2015年中国对外直接投资数据进行检验，并通过比较实际值与预测值差异判断产业转移潜力。最后从资源互联互通、制度共建共守、利益共分共享等方面对中国与沿线国家通过国际产业转移实现产业结构优化升级与区域社会经济福利提升的视角提出政策建议。

4. 基于世界投入产出模型的中国与沿线国家产业转移

国家间投入产出（inter-country input-output，ICIO）模型能够系统、全面地反映各国或地区（简称经济体）之间的贸易及经济的关联情况。ICIO 模型已成为当前贸易增加值测算的有效工具。本研究将利用世界投入产出关系表，测度 j 区域对 i 区域的直接消耗系数矩阵、直接消耗流量矩阵，并得到表示产业转移的最终需求矩阵。

表1-1　世界投入产出关系

国家部门列表			中间使用							最终需求			总产出
			国家1			......	国家m			国家1	......	国家m	
			部门1	......	部门n		部门1	......	部门n				
中间投入	国家1	部门1	X_{11}^{11}	......	X_{1n}^{11}	......	X_{11}^{1m}	......	X_{1n}^{1m}	Y_1^{11}	......	Y^{1m}	
		......	......	......	......	......	......		......				
		部门n	x_{n1}^{11}	......	x_{mn}^{11}	......	x_{n1}^{1m}	......	x_{nm}^{1m}	Y_n^{11}	......	Y_n^{1m}	X_n^1
	...												
	国家m	部门1	X_{11}^{m1}	......	X_{1n}^{m1}	......	X_{11}^{mn}	......	X_{1n}^{mn}	Y_1^{m1}	......	Y_1^{mn}	X_1^m
		......	......	......	......	......	......		......	......		......	
		部门n	x_1^{m1}	......	x_m^{m1}	......	x_1^{mn}	......	x_{nm}^{mn}	Y^{m1}	......	Y^{mn}	X_n^m
增加值			V_1^1	......	V_n^1	......	V_1^m	......	V_n^m		......		
总投入			x_1^1	......	x_n^1	......	X_1^m	......	X_n^m		......		

5. 基于直接投资视角的中国与沿线国家产业转移效应评价

从经济学角度看，产业转移的实质是资源（生产要素）的重新配置，为此，产业转移的效果评价标准，应该要看相关地区（产业转移地和承接地）的经济福利是否得到改善（帕累托改善）。从产业结构优化以及微观视角的企业主体行为两个维度进行"一带一路"建设中产业转移价值的绩效评价，由此评判产业转移政策的适用性。囿于数据的可得性，本研究仅考虑中国产业向外转移的绩效评价。

判断中国企业对外直接投资成功与否，其对母企业盈利能力提升的贡献有多大，不仅要看绝对利润，还要看相对收益，不仅要谋求近利，更要求战略性发展空间（江小涓，2007）。本研究尝试利用企业层面数据，首先通过倾向得分匹配（PSM）筛选"接近"的非投资企业作为对照组，再通过倍差法（DID）探究对比企业进行对外直接投资与国内投资影响企业盈利能力的差距，分行业、投资目的地考察对外直接投资对企业产出增长和技术进步的影响，给出中国企业对沿线国家直接投资成效一个真实客观的评判。

6. 中国与沿线国家产业转移的结论与启示

根据上述研究与分析结果，从资源互联互通、制度共建共守、利益共分共享等方面对中国与沿线国家通过国际产业转移实现产业结构优化升级与区域社会经济福利提升的视角提出政策建议，并对中国产业与企业"走出去"的发展重点与发展路径提供参考。

四、研究方法与可能的创新

(一) 研究方法

本书的整体研究定位于理论应用型研究。具体而言，主要采用了以下几种研究方法。

文献综述法。本书在第二章中，从产业转移的理论基础，"一带一路"倡议的相关研究，产业转移的内容与方式，产业转移的动因与测度，产业转移的福利与绩效等方面对现有的文献进行了总结与述评，以便充分吸收前人的研究经验，从中发掘可供借鉴的研究成果。

空间计量分析法。在空间的回归分析中，由于空间上搜集到的数据与信息可能存在相互依赖性，可以用空间相关这一概念来描述（沈体雁等，2010）。因此，本书在第四章中，采用空间引力模型与空间计量分析法，来检验丝绸之路经济带沿线国家产业转移程度。

理论分析与实证分析相结合的方法。在研究过程中，将理论分析与实证研究相结合是一种普遍使用的方法。两种方法并举，既可以使整体研究具有理论基础，又能检验相关现实问题。本书在第三章中基于产业转移的理论，提出了"一带一路"沿线国家产业转移的地缘意义，并描述了当前产业转移的现状与条件。第四章至第六章是全书的实证部分，主要对沿线国家产业转移的程度、微观视角产业转移绩效进行实证检验。

表 1 - 2 　使用的研究方法

研究内容	研究方法	研究方法运用
国内外关于产业转移的相关研究成果	文献综述法	①通过相关文献检索工具进行文献检索，并进行整理、归类与述评；②通过对现有研究成果的分析，提出本研究的意义与创新之处
中国与沿线国家产业转移的现状	定性分析法 比较分析法	①利于相关数据，对不同渠道的产业转移的规模与特征进行分析；②在现状的分析中，从时间与空间维度对沿线国家产业转移趋势进行比较分析
产业转移的统计测度与绩效评价	实证分析法	①利用世界投入产出模型，建立产业转移的统计测度体系；②利用倾向得分匹配法和倍差法（DID）从企业视角评估产业转移的技术升级效应
总结与建议	规范分析法	对策论：提出相关政策建议

（二）可能的创新

从互联互通与边际贡献的视角，用世界投入产出模型进行产业转移的统计测度。通过对现有文献的梳理我们发现，测度区域产业转移的指标很多，但并不统一。这些相对量指标的变化，会受研究区域范围、产业升级速度差异的影响，并不能准确反映产业转移过程。与已有文献不同，本研究利用世界投入产出表这一分析工具，从中国与沿线国家相互联系的视角分行业对沿线国家产业转移进行统计测度。世界投入产出表可全面系统地反映各国、各地区之间的投入产出关系，揭示生产过程中各国、各地区之间相互依存和相互制约的经济技术联系，是对沿线国家产业转移进行统计测度的有效技术手段。

从中国产业与企业"走出去"的视角，扩充产业转移绩效评价的内容。产业转移本身是一项经济行为，但同时也会带来深远的社会与政治影响。企业是产业转移的微观载体，是体现产业转移效应的"点"，随着产业转移的不断深化，转入产业往往可以通过关联作用，带动上下游行业，通过示范作用带动周边行业和区域，通过辐射作用带动整个区域的经济发展，并通过各个作用的复合，带动整个地区和国家经济和社会的整体发展。因此，本研究在考虑产业转移效用评价上，从企业微观主体视角构建"一带一路"建设中产业转移的绩效评价体系，并利用相关数据进行实证检验，对中国产业与企业"走出去"的效果进行客观评价，进而为产业跨国转移政策的制定提供依据与启示。

第二章

理论基础与文献综述

一、产业转移的经典理论解释

产业转移是一个既包含了宏观层面产业运动，又包含了微观层面企业活动的综合体。它体现为投资和贸易活动的综合性要素以及作为要素载体的产业与企业在时间与空间中活动轨迹（Pellenbarg & Knoben，2012）。区际产业转移是产业分工形成的重要因素，也是转入地区与转出地区进行产业结构调整，进而实现产业结构升级的重要途径（陈建军，2002）。

（一）雁行模式产业转移

有关产业区域转移的研究，可以追溯到 20 世纪 30 年代日本学者赤松要提出的"雁行模式"（Wide – Geese Flying Pattern）。赤松要 1932 年在其论文《我国经济发展的综合原理》中对日本明治初年的棉纺产业发展进行实证研究，注意到日本产业的发展通常都要经历进口新产品、进口替代、出口和重新进口四个阶段，相似于飞行中的雁阵，故而如此命名。"雁行模式"是以日本始终作为领头雁为前提的，并且其暗含条件为东亚国家经济发展水平依次降低。当进入产业化时期，一些发展中国家，由于经济和技术的落后，不得不把某些产品的市场向发达国家开放。等到这种产品的国内需求达到一定数目的时候，也就为本国生产这种产品预备了基本的市场条件和技术条件，换句话说，这时国内已初步把握了这种产品的生产技术，由于本国资源和劳动力价格占据上风，该产品的进口也就逐步让位于本国自己生产了。随着生产规模的扩大以及廉价劳动力的供给，本国产品的国际竞争力不断增强，最终实现这种产品的出口，达到了经济发展和产业结构升级的目的。东亚传统"雁行模式"的基本内涵是："二战"后，率先实现产业化的日本依次把成熟了的或者具有比较优势的产业转移到"亚洲四小龙"，后者又将其成熟的产业依次转移到东南亚诸国（泰国、马来西亚、菲律宾、印度尼西亚等）。80年代初，中国东部沿海地区也开始参与东亚国际分工体系，勾画出一幅以日本为"领头雁"的东亚经济发展的雁行图景，它们之间形成了技术密集与高附加值产业—资本技术密集产业—劳动密集型产业的产业分工体系。

"雁行发展模式"的基础是各国产业梯度差的存在。这个梯度差正随着各国经济的发展和日本国内经济不景气而日益缩小，客观上造成了"雁行模式"的逐渐式微。虽然雁行模式在东亚经济发展中起过历史性的积极作用，但是它当初就存在着明显的局限性（张雨，2002）。

第一，雁行模式作为后进国家的追赶型发展模式，作为一种动态的产业梯度转移过程，在东亚区域发展中有一定的必然性和合理性，但它往往会导致对先进国家（主要是日本）的严重依赖，后进国家和地区的经济发展完全受先进国家经济政策的影响与支配，容易丧失本身对经济发展和结构调整的主动权和独立性。一旦经济发展的外部条件发生变化，特别是首雁经济出现问题，后进经济体往往来不及进行相应调整，从而形成被动局面。

第二，雁行模式理论所竭力倡导的垂直型国际分工，在某种程度上是一种东亚地区各经济体对日本的附属性发展模式。虽然处于雁尾的国家和地区可以利用日本转移的相对先进技术，有效减少科研时间与费用，充分发挥后发优势以赢得经济发展，但如果处置不当，这种技术依赖会使后进国家丧失创新的动力，不利于后进国最终由"追赶型"发展战略向"创新型"发展战略转变，也不利于这些地区同日本建立平等合作的分工关系。这样，"追赶式"的发展模式将无法改变，各国间的差距将无法缩小，这当然不利于处于雁尾的国家和地区的长期发展。

第三，雁行模式本身在具体的操作中存在内在结构方面的缺陷。投资国与被投资国之间的产业层次的梯度转移，要求双方投资和贸易关系保持相应平衡，才能实现良性循环，否则对外投资或引进外资、产业梯度转移、对外收支平衡三者难以协调。1997 年东亚金融危机的爆发从一个侧面很好地说明了这一点。

20 世纪 90 年代后，日本泡沫经济破灭、经济增长乏力，日本作为"雁首"的带动力逐渐削弱，再加上 1997 年亚洲金融危机的爆发给东亚造成了沉重的打击，"雁行模式"逐步走向解体，东亚迈进"后雁行模式"时期。"雁行模式"的解体与"后雁行模式"时期的到来充分说明了东亚经济发展模式并不是静止不变的，会随着国际经济形势的变化及东亚区域内成员经济的发展而不断改变，这就决定了东亚产业发展的研究也应顺应经济形势的变动，不断予以补充（侯丹丹，2018）。

（二）产品生命周期理论

产品生命周期理论是美国哈佛大学教授雷蒙德·弗农（Raymond Vernon）1966 年在其《产品周期中的国际投资与国际贸易》一文中首次提出的。产品生命周期（product life cycle）是产品的市场寿命，即一种新产品从开始进入市场到被市场淘汰的整个过程。弗农认为，产品生命是指市场上的营销生命，要经历形成、成长、成熟、衰退这样的周期。就产品而言，也就是要经历一个开发、引进、成长、成熟、衰退的阶段。而这个周期在不同技术水平的国家里，发生时间和过程是不一样的，其间存在一个较大的时差。正是这一时差，表现为不同国家在技术上的差距，它反映了同一产品在不同国家市场上竞争地位的差异，从而决定了国际贸易和国际投资的变化。为了便于区分，弗农把这些国家依次分成创新国（一般为最发达国家）、一般发达国家、发展中国家。产品生命周期理论主要从企业角度考虑国际贸易和国际投资的原因，以提供一个微观决策的依据。传统贸易理论虽然对于国家间为何进行贸易这个问题在一定程度上做出了解释，同时对于政府的对外宏观经济政策具有一定指导意义，但是它却不能解释这样一种行为：为什么有的企业在国内生产，然后出口，而有的企业则是将生产一直放在国外并在外直接销售以代替出口？西方经济学家认为，企业的微观决策在国际生产和国家贸易中的地位日益提高，而传统贸易理论对于企业在指定生产位置和销售方式决策时的指导意义不大。为此弗农提出了产品生命周期理论，他的一个重要目的就是从企业角度考虑国际贸易和国际投资的原因，以提供一个微观决策的依据。

产品生命周期一般划分为三个阶段：新产品发明阶段—产品成长成熟阶段—标准化阶段。发达国家首先致力于新产品开发和生产以满足本国消费，当产品进入成长成熟期，国内市场供过于求时则将新产品销售到其他较发达及发展中国家，同时一些较发达国家开始仿制，成熟期后产品形成标准化，较发达国家大量生产，并从进口国转为出口国，最后发展中国家以低成本生产出标准化产品，发达国家失去竞争优势，逐步放弃市场，改从他国进口原产品（吴晓波、姜雁斌，2010）。这一理论"从技术层面分析了产业产生、成熟和衰退的完整历史过程，揭示了发达国家和发展中国家在产业转移和产业发展中的本质区别"（戴宏伟，2008），因而运用该理论有可能发现两者区别的根源所在（张立建，2009）。产品的生命期可以表现为以下过程，如图 2－1 所示。

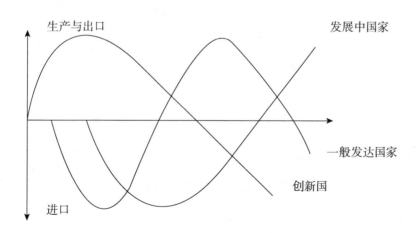

图 2－1　弗农曲线

（三）边际产业扩张论

小岛清（1978）提出产业转移的"边际产业扩张论"，从标准的 $2 \times 2 \times 2$ 的赫克歇尔－俄林－萨缪尔森贸易模型出发，首次运用比较优势基础上的国际分工原理得出 FDI 福利最大化标准为自由贸易量的结论。小岛清利用国际分工比较成本原理进行宏观考察，详细分析比较了日本型对外直接投资与美国型对外直接投资的不同，指出日本对外直接投资的独特发展道路。小岛清用劳动与经营资源代替 H－O 模型中的劳动与投资要素，将比较利润率的差异与比较成本的差异联系起来。在此基础上研究得出了边际产业扩张理论的基本观点：对外直接投资应该从本国已经处于或者即将处于比较劣势的产业（称边际产业，也是对方国家具有显在或潜在比较优势的产业）开始，并依次进行。广义的边际产业概念，既包括已趋于比较劣势的劳动力密集部门，也包括某些行业中装配或生产特定部件的劳动力密集生产过程或部门。这些行业、部门或企业所进行的生产可统称为"边际性生产"。也就是说本国所有趋于比较劣势的生产活动都应通过直接投资顺序向国外转移（陈俊聪、黄繁华，2014）。

小岛清认为，日本对外直接投资与美国国际直接投资概念并非完全一致。日本直接投资既包括股权意义上的控制特征，也包括一揽子要素的组合特征。直接投资对一国经济功能发挥起到了不可或缺的作用，其功能在于管理资源从一个国家传播到另一个国家。管理资源的转移有利于接受国发展新的产业和其他商业活动，由于与其他生产要素的关系较少而使得这些管理资源具有高产出的特征。直接投资的经济影响应该是补足并促进受资国的经济逐步发展和平衡，对外直接投资应该有利于投资国和受资国的经济发展，促进产品多样化，提高产业结构，达到共同繁荣。小岛清的研究视角是在国际劳动分工原则基础上提出的，我们称这一投资为"日本模式对外直接投资"或"贸易导向模式对外直接投资"，它与当时在发达国家占统治地位的美国直接投资模式具有鲜明的区别。

（四）新经济地理学的产业转移理论

传统的产业转移理论认为产业是同质的，产业布局是非结构化的，国家的专业化模式，即出口的内容是由不同国家之间存在的要素禀赋的差异被动选择的结果（希达尔戈等，2007；希达尔戈、豪斯曼，2009）。而新经济地理学理论的研究将我们对国际生产资源流动的研究，从一个传统的基于比较优势的静态的研究视角转向一个基于能力集合的动态的视角（张亭等，2018）。

　　　　不过真实的世界不是一个同质的平原……究竟什么资源可以解释为什么在大洛杉矶居住着1100万人，而圣保罗却有1700万人呢？事实上即使是农业生产的分布，与其说土壤质量对它的影响较大，不如说在更大程度上是由进入城市里市场的机会决定的……在讨论经济地理学时，哪怕仅仅是为了让讨论稍微合理些，我们也必须以某种方式考虑收益递增的作用。这就意味着从一开始研究经济地理学，你就必须考虑这些问题……

克鲁格曼在其著作《发展、地理学与经济理论》中的这段话，将经济地理学研究带入了一个存在规模经济、进入成本与报酬递增的更加符合现实图景的新境界中，并指出"在二十世纪八十年代，国际贸易理论经历了一场平和的革命：所谓的'新贸易理论'把报酬递增、不完全竞争和多重均衡稳固地带入了主流……使得谈论经济学问题成为可能。结果就有了被称为'新经济地理学'的东西"（伯利安特、藤田，2006）。"新经济地理学"（new economic geography）的兴起与发展使得诸如"空间"（space）、"全球网络"（global network）、"创新"（innovation）、"集聚"（agglomeration）与"经济一体化"（economic integration）等字眼迅速成了研究的热点。克鲁格曼也因为其开创性的研究在2008年被授予了诺贝尔经济学奖。

"迪克西特－斯蒂格里茨模型"（D－S Model）：这一模型是迪克西特和斯蒂格里茨（1977）提出的一个具有独创性的分析模型。在这一模型中，他们以"垄断竞争"为分析的出发点与着眼点，为需求与供给分析提供了新的解释。从需求方面看，消费者具有对差异化产品的多样性偏好，消费者的效用函数由消费的产品种类与某种消费品的消费数量共同决定。从供给方面看，每一个企业只生产一种产品，在市场上具有一定的垄断能力，生产中呈现出规模报酬递增的特性。同时，产品与产品之间又具有一定的替代性，单一企业通过产品之间的替代性影响其他企业的生产活动，表现为一定程度的竞争性（佛斯利德等，2012）。

"核心—边缘模型"（core－periphery model）：这一模型考虑的是一个只存在农业和制造业的两部门经济。其中农业生产是完全竞争的，生产单一同质产品，规模收益不变；制造业是垄断竞争的，生产差异化的产品并存在规模收益递增。工业品在区域与区域之间进行贸易时，存在萨缪尔森（1954）描述的"冰山成本"（iceberg cost）。"市场接近效应""生活成本效应""市场竞争效应"共同构成了该模型的三个基本机制。其中，前两种效应引起区域之间企业（工人）向一个方向集中，称为聚集力；第三个效应引起企业（工人）从一个区域向其他区域分散，称为分散力。聚集力与分散力的作用大小决定了两个区域是呈现出核心—边缘结构还是平衡对称结构。也就是说，经济演化可能使得对称均衡在分岔点上瓦解，区域性质发生突变（欧塔维亚诺，2002）。

经典的产业转移理论如劳动力密集型产业转移理论（刘易斯，1978）、边际产业转移理论（小岛清，1987）、产品生命周期理论（弗农，1966）、国际生产折中理论（邓宁，1977）和"雁行模式"理论（赤松要，1932）等分别从产品、企业、产业的角度考察了产业转移的原因。不过，上述理论仍然没有摆脱"比较优势"理论及新古典分析框架的束缚，它们在规模报酬不变和完全竞争市场结构的假设条件下，把产业转移的根本动因归结为不同区域比较优势的差异性，或者不同产业在特定发展阶段对所在地区要素条件的不同要求。以克鲁格曼（1991）经典文献为基础而发展起来的新经济地理学（NEG），基于集聚力和扩散力的相互作用更为深入地探讨了产业集聚和产业转移的微观机制，为不完全竞争和规模经济并存的现实世界中产业转移现象提供了另一种发人深省的解释。现有 NEG 文献关于产业转移机制的解释大体可以分为三类：区域要素迁移模型（CP、FC、FE、LFC、LFE）、产业垂直关联模型（CPVL、FCVL、FEVL）、要素累积驱动模型（CC、GS、LS）。其强调生产的收益递增、集聚经济和累积循环过程对经济活动空间分布的影响。生产要素的不完全流动性、生产活动的不完全可分性和商品与服务的不完全流动性使企业生产规模报酬递增，集聚于投入品供给和需求市场大的地区，而产业集聚的外部效应进一步促使企业集聚，如此累积循环，形成产业分布的中心与边缘。同时，大市场的优势是内生的，专业化模式是经济活动空间集聚的结果（理德哈德等，2003）。

二、关于"一带一路"倡议的相关研究

2013 年 9 月和 10 月，中国国家主席习近平在出访中亚和东南亚国家期间，先后提出共建"丝绸之路经济带"和"21 世纪海上丝绸之路"的战略构想。2015 年 3 月，在海南博鳌亚洲论坛上，国家发改委、外交部和商务部联合发布了《推动共建丝绸之路经济带和 21 世纪海上丝绸之路的愿景与行动》（国家发展和改革委员会等，2015），这标志着具有战略意义的"一带一路"构想进入了全面推进实施的阶段。"一带一路"在"丝绸之路"之后加上"经济带"，在"海上丝绸之路"之前加上"21 世纪"，从空间和时间上赋予了古丝绸之路新的时代意义，不仅成为国际社会关注的焦点，也成为学术界的研究热点。"一带一路"既是新常态下中国产业自身发展阶段的需要，又是中国融入经济全球化治理机制的需要（刘卫东，2015）。

本书运用 CiteSpace 软件分析 CNKI 数据库，以"一带一路"为题名的期刊数据达到了 9277 条，时间段主要集中于 2014—2017 年。以"经济与管理科学"为文献分类目录，数据达到 7032 条，其中，CSSCI 数据库达到了 1082 条数据。可视化结果显示，目前国内"一带一路"

研究主要集中在以下十个方面：（1）"一带一路"的内涵及战略意义（胡鞍钢等，2016；刘卫东等，2017；卫玲和戴江伟，2014）；（2）"一带一路"的合作制度和合作目的（白永秀和王颂，2014；陈伟光和王燕，2016）；（3）"一带一路"的风险、挑战与对策（马建英，2015；周伟等，2017）；（4）"一带一路"与中国经济增长（隋广军、黄亮雄和黄兴，2017；于翠萍和王美昌，2015；彭波，2016）；（5）"一带一路"与经济走廊建设（安江林，2016；王金波，2017）；（6）"一带一路"与产业布局（赵东麒和桑百川，2016；刘文革和肖园园，2015）；（7）"一带一路"与贸易便利化（马远和徐俐俐，2017；韩永辉等，2015）；（8）"一带一路"与"走出去"（周保根和田斌，2016；陈伟光和郭晴，2016）；（9）"一带一路"与人民币国际化（林乐芬和王少楠，2016；曹伟等，2016）；（10）地方对接"一带一路"倡议的思路与布局（郑志来，2014；金永亮，2014）。随着"一带一路"建设进程的推进，研究机构和学者逐步站在智库建设的高度，不断加大合作力度，有重点地谋划研究主题，提高理论研究的深度，加大解决实践问题的精准度。

三、关于产业转移的相关研究

（一）关于产业转移的实现形式

综合国内外研究文献，产业转移的实现形式主要包括宏观与微观实现形式两种。

　　宏观层面的产业转移主要通过贸易和投资两个渠道来实现。赤松要（1937）的"雁行模式"认为，产业转移主要通过贸易来实现；小岛清（1973）以及弗农（1966）则把投资和贸易均作为产业转移的实现方式；国内学者陈建军（2002）认为产业转移活动常常以相关国家或地区间的投资、贸易以及技术转移活动等形式表现出来。跨国直接投资行为是产业在国家间转移的载体，从当前我国经济发展的实际情况出发，一个地区的产业转移更多地表现为投资活动而不是贸易。崔莉、雷宏振（2018）从空间区域角度来划分产业转移，可以将产业转移划分为传统地理意义上的产业转移和基于网络虚拟空间进行的产业转移。利用逻辑演绎和规范分析方法对两类产业转移进行对比研究，发现两类产业转移的内涵不同，且在转移机制、转移路线、主导力量和转移特征上都存在差异。

　　微观层面，有学者指出，企业的定位选择是资源空间配置的核心范畴与微观要素，没有企业的定位，就没有产业的区位（梁琦，2007）。而区域的贸易、投资、发展与协调、技术进步与创新等宏观经济问题，最终需要落脚于企业区位选择这一微观行为上（梁琦等，2016）。换句话讲，产业转移的微观实现形式就是企业迁移（彭薇等，2018）。关于企业区位选择理论的研究可以追溯到古典区位理论时期，韦伯（1929）强调运费、劳动力费用和工业聚集对企业区位选择的影响；德国经济学家克里斯·泰勒（1933）提出影响工业区位选择的中心地理论，创造了以城市集聚中心进行市场面与网络分析的动态一般均衡理论；胡佛（1963）、艾萨德（1991）等人认为企业迁移的过程就是搜寻最大利润的过程，而这一目标的实现有赖于运输成本、工资成本、地区居民的购买力、工业品销售范围等。鲍德温和大久保（2006）将企业区位自选择效应引入企业转移的理论解释中。企业的异质性使得企业在区位选择时存在差异，生产率较高的大企业能够经受激烈的竞争从而选择分布在经济中心，并获得中心城市的技术溢出、市场规模、产业集聚、人才储备和交流机会等带来的便利。而与此同时，城市中心区的高竞争和高成本也可能会挤出低效率的企业，而最终形成企业区位的选择效应和分类效应（梅利茨、欧塔维亚诺，2008）。国内的研究中，魏后凯（2003）认为产业转移的实质是企业空间扩张过程，也是企业再区位和区位调整的过程。该定义明确了产业转移主体是企业。随着企业规模的不断增长，企业内部职能将日益专业化，由此出现企业的价值链在空间上的分离，促使企业区位出现分散化的趋势。在这一价值链中，每一个环节或者经济职能都可以在区位上独立，即拥有一个相对独立的活动区位，各活动区位之间依靠发达的交通通信网络紧密联系在一起（魏后凯，2006）。赵宏图（2019）指出，国际产业转移的基本方式有国际产业投资、国际产业贸易、国际产业协作和外包等。各种路径的产业转移驱动力不完全相同，但大体相似。国际上要素流动性不足和不完全竞争的市场结构是国际产业转移的前提。

（二）关于产业转移的影响因素

陈建军（2002）从经济发展水平、历史、传统和文化背景、地理位置以及人员交流形成区域间产业、经济网络角度，认为发展上的差距和文化上的相近是东亚地区产业转移相对活跃的主要原因；当然，产业转移的动因已不单纯是产品需求或要素条件的变化。不同国家和地区政策、文化、投资管制的变化以及企业投资战略的需求等都会对产业转移提出要求。综合前人的研究成果发现,比较优势、规模经济、政府政策、全球价值链参与等因素是影响产业转移的重要因素。

1. 比较优势

正如前述研究所提到的,小岛清的"边际产业转移论"就包含了比较优势的思想,对外直接投资应该从投资国已经或即将处于比较劣势的产业、与吸收方技术差距最小的产业亦即边际产业依次进行。通过产业的空间移动,以回避产业劣势或者说扩张边际产业。特克勒和渥夫(2005)提出一个考虑空间因素和比较优势的理论模型,分析波兰1925—1937年间产业区位的动态演化过程,研究发现劳动力要素流动对产业区位起着决定性作用。刘新争(2012)指出,区域间产业结构的差异源于区位条件、要素禀赋、自然资源等区域先天条件的不同。先天禀赋的差异,导致了包括资本、劳动力在内的多种要素在区域间的流动和重组。在市场配置资源的条件下,生产要素可以充分流动,由于区位条件或者产业政策的差异,生产要素在报酬递减规律的作用下从相对丰裕地区流向相对稀缺地区,使得要素禀赋的自然优势与生产过程中的要素成本优势两者在地区间的分布并不一致。

2. 政府政策

马格勒斯和韦伯格(2011)以瑞典公民选举投票率来表示该地区公民的政策参与程度,分析了政策参与对产业转移的影响。研究结果表明,区域补贴和制造业区位变动与区域政策相关,政府候选人为了得到更多的投票而加大对欠发达地区的贸易自由化补助,最终使得经济从发达地区向欠发达地区转移,从而推动欠发达地区经济发展。在区域协调发展的背景下，政府之间点对点合作来共建产业转移园区是中国产业转移政策的重要形式。杨本建、毛艳华（2014）在新近发展起来的异质性企业集聚理论基础上，运用广东省合作产业转移园的调查数据，通过直接观察政府政策如何影响企业迁移行为，来分析这种产业转移政策的效果。结果显示，这种产业转移政策对异质性的企业具有选择效应：在同一行业内，那些投资规模大或用地面积大的企业更容易受政策的影响；相对于部分迁移的企业，整体迁移的企业更容易受政策的影响。谢里等（2016）将产业承接地对迁入企业的政策支持变量引入克鲁格曼的"中心—外围"模型，分析了政府政策影响产业转移的微观机理，并进一步推理出为有效引导产业转移，承接地政府需要给予企业政策制度支持的临界条件。研究结果表明，在保持政策支持力度不变的情况下，当运输成本足够低时，才会促动产业空间迁移。同时，产业转移政策支持因子的临界值随冰山运输成本的降低而先降低后增加，表明政策支持力度由强趋弱；而在规模经济很大或者制造业占经济份额比例较大时，承接地政府需要对企业给予更大的政策支持力度。

3. 规模经济

克鲁格曼在其发表的《收益递增与地理》一文中对规模经济进行了初步讨论，并试图通过建立一个不完全竞争市场结构下的规模报酬递增模型，把区域经济理论研究纳入主流经济学，并引起了学界对于"不完全竞争""规模报酬递增"以及"核心—边缘"模型的关注。一个经济规模较大的区域，由于向前和向后联系，会出现一种自我持续的制造业集中现象，经济规模越大，集中越明显。孙晓华等（2018）构造了既体现规模又体现方向性的产业转移指数，依据测算结果刻画劳动、资本和技术密集型行业的产业转移地图，总结出中国制造业转移的空间特征。同时，基于产业关联的思想设计了由地理密度、专业化水平与行业相似度共同表征的要素集聚指数，测算比较了转出地和承接地的制造业集聚水平。进而以 2004—2013 年中国 30 个省份的面板数据为样本，实证检验了产业转移通过要素集聚影响地区经济发展的中介机制。

4. 全球价值链

杰瑞夫（1999）将"商品价值链"扩展为"全球价值链"，认为全球价值链是决定金融资源、物质以及人力资源如何在相互联系的链条内分配与流动的一种有力的关联。全球价值链强调本地生产者如何提升生产过程、保持高产品品质并加快反应速度以适宜全球需求者的产品诉求（科斯蒂诺，2013）。帕林尼克（2011）基于中欧与东欧地区汽车产业的 FDI 流入量的地理空间变化，分析了低成本附加与成本敏感型生产活动如何受益于 FDI 实现产业升级。哈姆斯等（2012）在考虑运输成本与其非单调效应的基础上，运用一个多国参与模型分析了不同国家在全球价值链中的地位，那些从事知识密集型任务的国家更多处于生产链上游。基于产业链关联的产业转移，是建立在内生比较优势基础上的，能够增强区际产业联动效应，使转入产业真正嵌入或根植当地产业链（刘新争，2016）。

（三）关于产业转移的测度

产业转移表现为不同时期地区产业活动的空间分布变化，一般通过比较地区产业经济指标的此消彼长来说明产业转移的方向和程度（孙晓华等，2018）。国内外关于产业转移的识别方法存在较大差异。国际上比较流行的做法包括运用对外直接投资的数据，通过区位熵原理来构建产业转移指数（马利亚、罗伯托，2004），或是利用发达国家所具备的企业区位信息，依据企业区位变迁来直接判断产业转移的规模和方向（萨沃那、施亚塔雷拉，2004；阿劳佐等，2010）。

在我国，由于国家统计年鉴乃至地方统计年鉴有相应数据统计，数据比较容易获取，这类指标容易被研究者所采纳，比较有代表性的列举如下。（1）陈建军（2007）以区域产业竞争力系数动态变化来评估产业区域转移的存在。该系数的评估以全国各区域对所有产业的需求都是均匀分布且产出等于需求，全国市场是一个封闭的市场等假设条件为前提，因此在衡量产业跨区域转移中具有一定的局限性。还有学者从产业自身规模变动角度测度产业转移规模大小。（2）张公嵬、梁琦（2010）根据各区域产业销售产值，运用赫芬达尔指数、区位熵与产业的绝对份额三个指标综合测度了中国产业的转移程度。（3）靳卫东等（2016）利用基尼系数来测度产业转移的存在以及存在明显的行业和地区差别。（4）覃成林、熊雪如（2013）设计了一个"一产业三区域"的产业转移模型，把产业转移相对量与区域之间的经济关联度结合起来，分别以区位熵指数和修正后的引力模型建立产业转移相对量和区域经济关联度测度方法，分别计算了2000—2010年劳动密集型、资源密集型和技术密集型制造业的专业化指数，转移相对净流量用于分析中国制造业转移的趋势和相对规模变化。需要指出的是，由于产业投资还只是产业转移的实现形式，不能等同于产业转移的结果，选择投资指标还不能完全反映产业转移问题。（5）刘红光等（2018）从广义的产业转移内涵出发，借鉴区域间投入产出模型定量分析了我国2007—2010年省区间的产业转移，验证了我国区域间产业转移的阶段性特征，即低端产业正从经济较为发达的东部地区向中西部地区转移，而高端产业仍集中在东部地区。

（四）关于产业转移福利的评价

从经济学角度看，产业转移的实质是资源（生产要素）的重新配置。为此，产业转移效果的评价标准，应该要看相关地区（产业转移地和承接地）的经济福利是否得到改善（帕累托改善）。卢根鑫（1994）认为国际产业转移在生产要素转移、产业结构成长、就业结构变化、社会平均资本有机构成提高和国民生产总值的提高这五个方面对发展中国家经济发展起到积极的推动作用；但又会表现出负面效应：要素转移中存在固有的技术级差，在产业结构成长过程中存在固有的产业级差，在就业结构变化中存在不平等收入分配现象，在社会平均资本有机构成中也存在固有级差，同时，产业转移还会引起价值盈余的非均衡倾向。陈建军（2002）阐述了区际产业转移的三个层级的效应。第一个层级，产业转移会导致地区与地区之间比较稳定的分工关系的形成；第二个层级，稳定的产业分工关系，无论是垂直分工还是水平分工都会引起产业结构的转换；第三个层级，产业成长和产业分工导致的产业结构转换最终会实现转入与转出国家的产业升级。陈景华（2010）运用理论和实证相结合的方法，对服务业跨国转移对承接国所产生的效应进行研究。理论上，通过对修正的柯布－道格拉斯生产函数逐步分解，得出承接服务业跨国转移能够为承接国带来技术效应、优化效应、资本效应和就业效应等。实证上，通过协整检验和格兰杰因果关系检验，证明通过承接服务业的跨国转移，能够对承接国的发展带来正面的经济效应。罗浩、戴志敏等（2018）采用改进的 DEA 模型，测算 2004—2016年长江流域各省市产业转移综合效率、纯技术效率和规模效率。同时，考虑经济社会发展的协调性，运用门槛效应模型，对产业转移效率与经济社会协调发展进程进行门槛值分析。张建伟等（2018）的研究指出，在全球化和信息化的背景下，产业转移逐渐成为区域创新的重要来源。采用面板单位根检验、面板协整检验、面板数据回归、响应强度模型及ESDA 等方法对河南省 18 地市产业转移的创新效应强度进行研究，研究发现产业转移对创新能力的提高具有积极带动作用。

第三章

中国面向"一带一路"产业转移的意义与现状

一、"一带一路"倡议的提出

2013 年 9 月 7 日,中国国家主席习近平在哈萨克斯坦纳扎尔巴耶夫大学做题为《弘扬人民友谊共创美好未来》的演讲,提出共同建设"丝绸之路经济带"。2013 年 10 月 3 日,习近平主席在印度尼西亚国会做题为《携手建设中国—东盟命运共同体》的演讲,提出共同建设"21 世纪海上丝绸之路"。"丝绸之路经济带"和"21 世纪海上丝绸之路"简称为"一带一路"倡议。其建设目标是:在"一带一路"建设国际合作框架内,各方秉持共商、共建、共享原则,携手应对世界经济面临的挑战,开创发展新机遇,谋求发展新动力,拓展发展新空间,实现优势互补、互利共赢,不断朝着人类命运共同体方向迈进。面对时代命题,中国愿同国际合作伙伴共建"一带一路"。通过这个国际合作新平台,增添共同发展新动力,把"一带一路"建设成为和平之路、繁荣之路、开放之路、绿色之路、创新之路与文明之路。六条道路的具体建设任务如下：

（1）和平之路：构建以合作共赢为核心的新型国际关系，打造对话不对抗、结伴不结盟的伙伴关系。各国应该尊重彼此主权、尊严、领土完整，尊重彼此发展道路和社会制度，尊重彼此核心利益和重大关切。

（2）繁荣之路：聚焦发展这个根本性问题，释放各国发展潜力，实现经济大融合、发展大联动、成果大共享。

（3）开放之路：打造开放型合作平台，维护和发展开放型世界经济，共同创造有利于开放发展的环境，推动构建公正、合理、透明的国际经贸投资规则体系，促进生产要素有序流动、资源高效配置、市场深度融合。我们欢迎各国结合自身国情，积极发展开放型经济，参与全球治理和公共产品供给，携手构建广泛的利益共同体。

（4）绿色之路：践行绿色发展的新理念，倡导绿色、低碳、循环、可持续的生产生活方式，加强生态环保合作，建设生态文明，共同实现2030年可持续发展目标。

（5）创新之路：坚持创新驱动发展，加强在数字经济、人工智能、纳米技术、量子计算机等前沿领域的合作，推动大数据、云计算、智慧城市建设，连接成21世纪的数字丝绸之路。我们要促进科技同产业、科技同金融深度融合，优化创新环境，集聚创新资源。我们要为互联网时代的各国青年打造创业空间、创业工场，成就未来一代的青春梦想。

（6）文明之路：以文明交流超越文明隔阂、文明互鉴超越文明冲突、文明共存超越文明优越，推动各国相互理解、相互尊重、相互信任。

二、"一带一路"产业转移的战略意义

（一）"一带一路"倡议是载入国际组织的重要文件

共建"一带一路"倡议及其核心理念已写入联合国、二十国集团、亚太经合组织以及其他区域组织等有关文件中。2015 年 7 月，上海合作组织发表了《上海合作组织成员国元首乌法宣言》，支持关于建设"丝绸之路经济带"的倡议。2016 年 9 月，《二十国集团领导人杭州峰会公报》通过关于建立"全球基础设施互联互通联盟"倡议。2016 年 11 月，联合国 193 个会员国协商一致通过决议，欢迎共建"一带一路"等经济合作倡议，呼吁国际社会为"一带一路"建设提供安全保障环境。2017 年 3 月，联合国安理会一致通过了第 2344 号决议，呼吁国际社会通过"一带一路"建设加强区域经济合作，并首次载入"人类命运共同体"理念。2018 年，中拉论坛第二届部长级会议、中国—阿拉伯国家合作论坛第八届部长级会议、中非合作论坛峰会先后召开，分别形成了中拉《关于"一带一路"倡议的特别声明》《中国和阿拉伯国家合作共建"一带一路"行动宣言》和《关于构建更加紧密的中非命运共同体的北京宣言》等重要成果文件。自"一带一路"倡议提出以来，中央颁布了包括《推动共建丝绸之路经济带和 21 世纪海上丝绸之路的愿景与行动》《中欧班列建设发展规划（2016—2020）》《关于推进绿色"一带一路"建设的指导意见》《推动丝绸之路经济带和 21 世纪海上丝绸之路能源合作愿景与行动》《共建"一带一路"倡议》等一系列的纲

领性、指导性战略与规划。截至 2019 年 8 月底，已有 136 个国家和 30 个国际组织与中国签署了 195 份共建"一带一路"合作文件。

（二）国际贸易与投资新格局形成

近年来，在发达国家直接投资流入量萎缩背景下，新兴经济体和发展中国家吸引的外国直接投资金额增加，全球占比提升。虽然近期土耳其、阿根廷等国家金融波动加剧，但部分国家困难难以改变发展中国家整体发展潜力与经济活力。在增长动能、投资回报等方面，诸多发展中国家特别是亚洲地区对外投资仍具有显著吸引力。根据国际货币基金组织（IMF）首席经济学家的分析，20 世纪 80 年代，新兴市场和发展中国家的产值按购买力平价计算占世界总产值的 36%。2010 年至 2015 年间，其占世界总产值的比例跃升至 56%，占世界经济增长的比例为 79%。

表 3-1 "一带一路"经济走廊部分国家宏观经济指标（2014 年）

GDP 世界排名	国家或地区	GDP（亿美元）	世界占比（%）	GDP 增速（%）	人均 GDP（美元）
2	中国	103803.80	13.43	7.40	7589
9	印度	20495.01	2.65	5.40	1627
10	俄罗斯	18574.61	2.40	0.60	12926
18	土耳其	8061.08	1.04	2.89	10482
19	沙特阿拉伯	7524.59	0.97	3.60	24454
30	阿联酋	4016.47	0.52	4.60	43180
32	泰国	3738.04	0.48	0.70	5445
35	马来西亚	3269.33	0.42	6.00	10804

GDP 世界排名	国家或地区	GDP（亿美元）	世界占比（%）	GDP 增速（%）	人均 GDP（美元）
36	新加坡	3080.51	0.40	2.90	56319
43	巴基斯坦	2501.36	0.32	5.41	1343
49	哈萨克斯坦	2122.60	0.27	4.30	12184
50	卡塔尔	2100.02	0.27	6.00	93965
56	越南	1860.49	0.24	5.98	2053
57	孟加拉国	1854.15	0.24	6.20	1172
58	科威特	1723.50	0.22	2.30	43103
65	阿曼	777.55	0.10	3.40	19002
71	缅甸	628.02	0.08	6.40	1221
72	乌兹别克斯坦	629.19	0.08	8.10	2046
87	土库曼斯坦	479.32	0.06	10.30	8271
97	巴林	338.62	0.04	4.30	28272
114	柬埔寨	165.51	0.02	7.00	1081
130	蒙古	119.81	0.02	9.80	4096
133	老挝	116.76	0.02	7.30	1693
138	塔吉克斯坦	92.42	0.01	6.70	1113
145	吉尔吉斯斯坦	74.02	0.01	3.60	1299
	全世界	773019.58	100.00	2.48	–

资料来源："一带一路"数据库。

随着中国融入全球贸易体制，在商品流通方面逐渐形成一个超级周期。在全球商品出口国，无论是贫困地区还是富裕地区都实现了显著增长。为配合"一带一路"建设，鼓励中国企业"走出去"进行直接投资也为全球资金提供了广阔平台。中国与沿线国家经贸关系发展迅速，中国向沿线国家出口占总出口额的比重也越来越大。对沿线国家的产业转移，不仅能给东道国带来实实在在的利益，同时也有助于国内企业进一步健全供应链、产业链和价值链。截至 2017 年年底，中国企业已经在"一带一路"沿线 20 多个国家建设了 56 个经贸合作区，我国企业对"一带一路"沿线的 46 个国家合计非金融类直接投资 12.3 亿美元，同比增长 50%，占同期总额的 11.4%，主要投向新加坡、马来西亚、老挝、越南、印度尼西亚、巴基斯坦、斯里兰卡和伊朗等国家。对外承包工程方面，我国企业在"一带一路"沿线国家对外承包工程新签合同额 45.9 亿美元，占同期我国对外承包工程新签合同额的 39.3%，同比下降 19%；完成营业额 58.6 亿美元，占同期总额的 56.5%，同比增长58.4%。2017 年，中国企业赴"一带一路"区域的海外并购交易数量从 2016 年的 22 个增长到 135 个，并购交易总金额从近 20 亿美元涨到 2017 年的 214 亿美元。在这个时期，新兴市场的"故事"已成为全球贸易、投资和减贫的强大催化剂，特别是有助于推动亚洲、拉丁美洲和非洲地区的经济增长。"一带一路"经济走廊更是一项系统工程，地理上涵盖欧亚大陆数十个国家和地区，涉及贸易、金融、投资、能源、交通和基础设施等多个领域。

（三）全球价值链整合

"价值链"这一概念最早是由迈克尔·波特提出的。波特认为，"企业主要通过两类活动，即基本活动（内部后勤、生产作业、服务、市场营销和销售）和辅助活动（企业基础设施、人力资源管理、技术开发、采购）来创造价值"。"全球价值链"是全球经济循环中最为关键的链条之一，它是全球贸易、投资、价值链以及分工领域的研究热点。现今的国际生产体系与以往完全不一样，投资、财务、信息系统、技术等要素已经不再是独立的个体，而是通过全球价值链将所有的要素联系在一起，再通过国际产业分工形成相互分割的价值点（艾尔姆斯、劳，2013）。随着世界经济一体化、全球化与多极化发展，世界制造业产业链进行了重新洗牌与布局。

一方面，越来越多的发展中国家按照行业特征和资源优势更深入地参与全球价值链分工中，从早期的以优惠政策吸引劳动密集型行业落户到争取吸引资本密集型甚至是技术密集型产业行业落户。世界上正有许多正在进行工业化的国家具有发展成为新一代世界制造业中心的潜力。而中国作为世界制造业大国，正面临着部分生产能力向劳动成本相对低廉的国家转移的趋势。随着制造业智能化、信息化的发展，发达国家越来越多地承担起世界技术中心的职能，美、日、欧成立全球科技中心；而以新加坡、中国香港地区为代表的商贸中心，在大量保税区、自贸区建立的过程中，逐渐将贸易职能从原有的制造业中心职能中分离出来，全球价值链呈现了制造业中心、科技中心和贸易中心相分离的趋势（王迎新、刘学智，2014）。

然而另一方面，根据世界贸易组织（WTO）发布的全球贸易增长报告，2016 年全球贸易增长远低于 2008 年金融危机前十年平均贸易年增长率水平，也低于全球 GDP 增速。全球制造业采购经理指数（PMI）自 2017 年 12 月 54.5 的高点一路下行，截至 2019 年 6 月已跌破荣枯线，创八年多以来的新低；领先全球经济 2 ~ 3 个季度的经济合作与发展组织综合领先指标自2017年12月起持续下行。要扭转世界经济持续性放缓甚至衰退局势的根本在于深化全球价值链分工效率与合作水平。面对国际环境新变化和国内发展新要求，我国积极调整参与全球产业竞争的角色和定位，通过实施"一带一路"倡议，主动倡议、参与和推动新一轮国际经济秩序建设，在更高水平、更高层次开放中深化国际产能合作，驱动中国资本在全球范围内实现优化配置，推动产业向高端产业链条转型。沿线国家产业转移以降低贸易成本以及进入壁垒为切入点，鼓励贸易自由化，消除价值链壁垒，提升价值链合作水平。

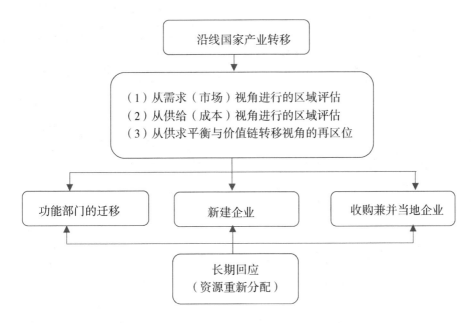

图3-1 基于价值链重构的产业国际转移的决策

（四）中国制造业"走出去"

表 3 - 2 "丝绸之路经济带"沿线国家产业转移与合作导向

区域及代表性国家	经济特征	产业转移与合作诉求
东亚（中国）	全球制造业基地，经济体量大，劳动力资源丰富，但当前经济增速有所放缓	拓展海外产品市场，寻求资源合作
西欧（法德）	后工业化时期，经济发达，服务性经济占主导	提高在全球的地位和作用，突破资源限制，促进欧洲经济发展与再度复兴，减轻全球特别是西方的难民压力
东欧（俄罗斯）	工业基础良好，产业完整，资源丰富	俄远东地区的发展离不开亚太和中国，国内在基础设施建设、物流网络建设及资源出口等方面呈现弱势，更需要寻求经济转型的新机遇
南亚（巴基斯坦）	经济以农业为主，工业基础相对薄弱，自然资源丰富	发挥人口红利，提升国内基础设施建设，建立相对完备的工业体系
西亚（土耳其）	资源丰富，经济结构相对单一	消除贸易障碍，拓展贸易伙伴，完善工业体系
中亚（中亚五国）	经济总量不大，经济总量变动和经济波动的外部溢出效应较小，资源丰富	贸易投资结构提升，拓展除资源领域投资之外的其他非资源投资；提高作为欧亚大陆通道的重要性
北非（埃及）	资源丰富，具有侨汇、运河、石油、旅游四大经济支柱，工业化水平不高	提高自然资源利用效率，完善基础设施建设和工业体系

近年来，世界经济复苏进程艰难。"逆全球化"思潮和保护主义倾向抬头，全球贸易增长疲软，国际跨境资本呈现从包括中国在内的新兴市场回流到美国、欧元区和日本等发达国家经济体的态势。发达国家向发展中国家产业转移步伐明显放缓。与此同时，我国经济依然面临较大的下行压力，由高速增长转为中高速增长，其根本原因是经济结构、增长动力和体制政策的系统性转换。我国国内制造业发展面临产能过剩、人力成本上升等困难，继续被动承接国际中低端产业转移的模式难以为继。而且这次产能过剩因为其产生原因的复杂和深刻，如许多传统重工业产品需求已到峰值，投资对于工业增长拉动效力逐步减弱，产业政策须进一步完善，地方竞争等，将呈现长期性、全面性的特征，解决起来并非易事，需要通盘考虑和长期规划。中国现阶段产能过剩主要表现在高能耗、高排放的传统制造业。由于改革开放的历史条件等因素，这一行业曾对中国的经济积累和发展有过重要贡献，而现在国情、世情都发生了重大变化。以 2012 年为例，中国钢铁、水泥、电解铝、平板玻璃、船舶产能利用率于当年年底分别为 72%、73.7%、71.9%、73.1% 和75%，导致行业利润大幅下滑，企业负债累累，经营十分困难。如继续下去，将不可避免地出现银行不良资产增加、生态环境恶化、企业倒闭等严重问题，不仅迟滞经济发展方式转变和民生改善，甚至会影响社会稳定大局。"十三五"规划纲要中"实施制造强国战略"提道："深入实施'中国制造 2025'，以提高制造业创新能力和基础能力为重点，推进信息技术与制造技术深度融合，促进制造业朝高端、智能、绿色、服务方向发展，培育制造业竞争新优势。"因此，我国需要利用"一带一路"这一新契机快速淘汰能耗大和效率低的产业，形成新的动能，提高增长质量和效益，扩展发展空间，更多依靠创新发展，要创新则必须打破原有的模式，使生产力更加合理化，产业更加集约化，把劳动力从第二产业解放出来投入第三产业，实施制造业"走出去"战略，充分发挥产业转移优势，做大资本市场。

（五）地缘政治势力格局的重构

地缘政治是政治地理学中的一种理论，它根据各种地理要素和政治格局的地域形式，分析和预测世界或地区范围的战略形势和有关国家的政治行为。地缘政治把地理因素视为影响甚至决定国家政治行为的一个基本因素。瑞典政治学家契伦（1864—1922）首创"地缘政治"词条，并在他所著《论国家》（1917）一书中提出。他将地缘政治定义为"把国家作为地理的有机体或一个空间现象来认识的科学"，着重研究国家形成、发展和衰亡的规律，强调地理环境、位置对一个国家政治行为尤其是军事和外交行为的影响。国际分工是劳动和社会分工在空间范围上的拓展和延伸，国际分工格局的变化是劳动分工和社会分工不断演进、深化的结果，是社会分工在国家之间展开的一种反映。同一般的劳动分工一样，国际分工格局的演进也是市场范围不断扩大的结果，同时也受到市场范围的制约。不同的是，国家之间不仅有严格的疆域分隔，而且政治经济体制也存在巨大的差别，并由此导致内外政策方面的巨大差异。因此，当分工范围扩大到国家之间时，其进程和格局所受到的不仅仅是技术、市场等经济因素的影响和限制，更多地受到政治因素尤其是国家对外政策以及国与国之间地缘政治势力格局的影响，甚至需要通过国家之间的政治和军事角逐才能实现市场的扩展和开放。

中国处于亚洲大陆的东部，与多个陆海国家为邻，属于"陆海复合国"。从地缘政治学的角度来看，古代中国之所以能在少数民族部落和外国的进击下生存并保持中央大国的地位，关键在于中原发达的技术和文化。而当今中国，与周边国家的关系中存在不少纠葛，如南海争端、钓鱼岛问题、中印边界争端等问题。当年邓小平代表中国政府提出"搁置争议、共同发展"的英明策略。除了相邻国家多而复杂外，中国还与俄罗斯、日本、印度为邻。按照国际关系学的理论，国与国之间的力量差距越小，国家的安全感就越弱。相比之下，中国与中亚五国新地缘政治之间的关系绝对是利大于弊。"全面战略伙伴"是指国家对战争全局的统筹规划与全面指导，是依据国际、国内形势和敌对双方政治、经济、军事、科学技术、地理等因素确定的。中国和哈萨克斯坦早在2005年就建立了战略合作伙伴关系，2010年又提升至全面战略伙伴关系。近几年来，随着中国和中亚五国合作领域的加深，2012年6月中国和乌兹别克斯坦建立战略合作伙伴关系，2012年9月11日中国同吉尔吉斯斯坦建立战略伙伴关系，2013年5月中国同塔吉克斯坦建立战略伙伴关系，2013年9月3日中国同土库曼斯坦建立战略伙伴关系。可见，"一带一路"是基于古代丝绸之路的概念与实践在当代国际政治经济与地缘环境下的经贸合作升级版。在共建"丝绸之路经济带"的设想与行动指南提出之前，就有中亚国家"丝绸之路复兴计划"、俄罗斯的"统一经济空间"与"大欧亚计划"、美国的"新丝绸之路"战略以及日本的"欧亚新丝绸之路"战略。当前，我国提出"一带一路"建设，不是与其他国家提出的战略搞对立，目的是与欧亚空间进一步共享合作，构建利益共同体（邢广程，2014）。"民心相通、政策沟通、

道路畅通、贸易流通、资本融通"的"五通"策略的核心是将"一带
一路"惠及的中亚、南亚、西亚、中东欧以及西欧国家五大区域联结
成一个基于历史文化渊源、政治互信、设施联通以及贸易投资自由化的
命运共同体。它也是解决各个参与区域当前面临的政治经济困局，实现
政通人和的有效手段。

三、沿线国家经贸合作的条件与现状

（一）国际经济合作走廊和通道建设取得明显进展

新亚欧大陆桥、中蒙俄、中国—中亚—西亚、中国—中南半岛、中
巴和孟中印缅等六大国际经济合作走廊将亚洲经济圈与欧洲经济圈联系
在一起，为建立和加强各国互联互通伙伴关系，构建高效畅通的亚欧大
市场发挥了重要作用。新亚欧大陆桥经济走廊区域合作日益深入，将开
放包容、互利共赢的伙伴关系提升到新的水平，有力推动了亚欧两大洲
经济贸易交流。《中国—中东欧国家合作布达佩斯纲要》和《中国—中
东欧国家合作索菲亚纲要》对外发布，中欧互联互通平台和欧洲投资
计划框架下的务实合作有序推进。中国与"一带一路"沿线国家互联
互通的对话与合作机制不断健全，融资渠道日益丰富。

通道建设方面，在中国与"一带一路"沿线国家的共同努力下，
双边互联互通取得重大进展，涵盖陆海空的立体交通网络已基本形成，
信息通信及能源管网不断完善。中国与东盟中南半岛国家的立体国际大
通道已具雏形，通向东南亚的公路大通道国内段全部达到高等级及以上

公路标准，中缅铁路、中越铁路和中老铁路出境铁路已被纳入泛亚铁路和中国国家中长期铁路发展规划。与此同时，随着中老铁路、中泰铁路和印度尼西亚雅万高铁项目落地，中国的交通技术、设备成功走向了东南亚。中缅天然气管道已于 2013 年 7 月顺利实现通气。中缅原油管道于 2013 年年底全线贯通，并于 2015 年 1 月投入使用。截至 2016 年 8 月，中缅天然气管道（境外段）安全平稳运行 1122 天，向中国国内输气 105708 亿立方米，为缅甸提供天然气 992 亿立方米，为中缅两国天然气需求提供了有效供给。中国与东盟中南半岛老挝、越南和缅甸在电网联网和电力输送方面的合作得到稳步发展，实现了双向贸易。中越、中缅和中老电力联网被誉为中国与东盟的"第四条经济大通道"。

（二）沿线国家贸易规模持续扩大

2013—2018 年，中国与沿线国家货物贸易进出口总额超过 6 万亿美元，年均增长率高于同期中国对外贸易增速，占中国货物贸易总额的比重达到 27.4%。其中，2018 年，中国与沿线国家货物贸易进出口总额达到 1.3 万亿美元，同比增长 16.4%。中国与沿线国家服务贸易由小到大、稳步发展。2017 年，中国与沿线国家服务贸易进出口额达 977.6 亿美元，同比增长 18.4%，占中国服务贸易总额的 14.1%，比 2016 年提高 1.6 个百分点。世界银行研究组分析了共建"一带一路"倡议对 71 个潜在参与国的贸易影响，发现共建"一带一路"倡议将使参与国之间的贸易往来增加 4.1%。跨境电子商务等新业态、新模式正成为推动贸易畅通的重要新生力量。2018 年，通过中国海关跨境电子商务管理平台零售进出口商品总额达 203 亿美元，同比增长 50%。其中出口

84.8亿美元，同比增长67.0%；进口118.7亿美元，同比增长39.8%。"丝路电商"合作蓬勃兴起，中国与17个国家建立双边电子商务合作机制，在金砖国家等多边机制下形成电子商务合作文件，加快了企业对接和品牌培育的实质性步伐。

（三）产业合作持续推进

中国对沿线国家直接投资平稳增长。2013—2018年，中国企业对沿线国家直接投资超过900亿美元，在沿线国家完成对外承包工程营业额超过4000亿美元。2018年，中国企业对沿线国家实现非金融类直接投资156亿美元，同比增长8.9%，占同期总额的13.0%；沿线国家对外承包工程完成营业额893亿美元，占同期总额的53.0%。世界银行研究表明，预计沿线国家的外商直接投资总额将增加4.97%，其中，来自沿线国家内部的外商直接投资增加4.36%，来自经济合作与发展组织国家的外商直接投资增加4.63%，来自非沿线国家的外商直接投资增加5.75%。中国各类企业遵循市场化、法治化原则自主赴沿线国家共建合作园区，推动这些国家借鉴中国改革开放以来通过各类开发区、工业园区实现经济增长的经验和做法，促进当地经济发展，为沿线国家创造了新的税源和就业渠道。同时，中国还分别与哈萨克斯坦、老挝建立了中哈霍尔果斯国际边境合作中心、中老磨憨－磨丁经济合作区等跨境经济合作区，与其他国家合作共建跨境经济合作区的工作也在稳步推进。

四、中国与沿线国家产业转移的基础与现状

（一）沿线国家产业转移的经济基础

当前，生产要素在全球生产网络中扩散、聚集是区域经济一体化与全球价值链解构与整合的核心力量。沿线国家产业与生产要素的动态转移，不仅会对沿线国家产业集聚起到促进作用，同时也为价值链延伸与产业整合提供新动力。沿线国家中，既包括了发达经济体，又包括了发展中经济体以及转型经济体。各个国家的经济发展程度、产业体系的完备程度以及产品生产与创新能力，均存在不同的发展梯度，且差异较大。沿线发达国家在全球经济增速放缓的大环境中，要求借助"丝绸之路"经济带的平台作用，深化在全球价值链中的主导地位；中国正处于由要素驱动转向效率与创新驱动时期，产生了转移边际产业、延长产业寿命的需求；而其他发展中国家与转型经济体要求借助国际产业转移契机，引入先进的技术和管理经验，加快完备的工业产业体系建设。因此，沿线国家间的产业转移既涵盖了产业平行转移，又涵盖了产业的梯度转移，并以产业的梯度转移为主。邓宁基于 20 世纪 80 年代国际产业转移的特征，提出了国际投资发展周期理论，他根据人均国民生产总值将经济发展分成四个阶段。参照邓宁的划分标准，并结合当前国际经济发展的新情况，沿线国家也可以依据人均 GDP 水平差异，划分为四个发展阶段。第一阶段，人均 GDP 在 1200 美元以下，有少量的直接投资，几乎没有对外投资，如吉尔吉斯斯坦；第二阶段，人均 GDP 在

1200~8000 美元的区间，外来直接投资量显著增长，但对外直接投资量仍然不多，如乌克兰；第三阶段，人均 GDP 在 8000~20000 美元的区间，外来直接投资与第二阶段相当，对外直接投资快速增长，如中国、俄罗斯；第四阶段，人均 GDP 在 20000 美元以上，外来直接投资与对外直接投资量均较高，如法国、德国。

（二）沿线国家产业转移及 FDI 利用情况

当前阶段，国际产业转移主要以直接投资（FDI）的方式实现。因此，本书的相关研究也主要基于 FDI 的全球流动来分析沿线国家产业转移。

通过比较沿线各国在 2007 年及 2015 年 FDI 流入流量数据可以将沿线国家分为四类。（1）FDI 流入量急剧下降国家。这类国家 FDI 流入量呈现负增长，且负增长率达到 50% 以上，包括巴基斯坦等六国。（2）FDI 流入量有所下降国家。这类国家 FDI 流入量呈现负增长，且负增长率保持在 50% 以下水平，包括意大利等五国在内。（3）FDI 流入量稳定增长国家。这类国家 FDI 流入量保持了稳定的增长速度，且增长率保持在 60%~100% 之间水平，包括中国等三国在内。（4）FDI 流入量急速增长国家。这类国家 FDI 流入量增长率达 170% 以上，包括伊朗等三国在内。最高的是土库曼斯坦，高达 429%。

通过比较沿线各国在 2007 年及 2015 年 FDI 流出流量数据，同样可以将沿线国家分为四类。（1）FDI 流出量急剧下降国家。这类国家 FDI 流出量呈现负增长，且负增长率达到 50% 以上，包括乌克兰等八国在内。（2）FDI 流出量有所下降国家。这类国家 FDI 流出量呈现负增长，且负增长率保持在50%以下水平，包括印度等三国在内。（3）FDI流出量很小，且不存在大的变化的国家，包括中亚除哈萨克斯坦之外的其他四国。（4）FDI流出量急速增长国家，包括土耳其和中国，增长率分别达到了127%和468%。

从2015年FDI流出与流入总量来看，流入量最高的五国分别为中国、印度、法国、德国、意大利。流出量最高的五国分别为中国、德国、法国、意大利、俄罗斯。由此可见，世界对外投资格局中，由经济体量大、经济发达的经济体占主导地位。

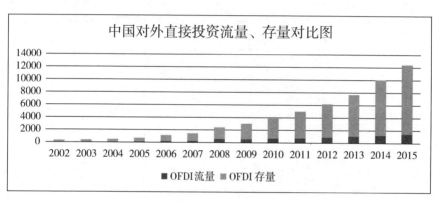

图 3-2 中国对外直接投资流量、存量图 单位：亿美元

数据来源：2015 年中国对外直接投资统计公报。

截至2015年，中国对外直接投资流量为1456.7亿美元，同比增长18.3%，其中：新增股权投资967.1亿美元，占66.4%；当期收益再投资379.1亿美元，占26%；债务工具投资110.5亿美元，占7.6%。截至2015年年底，中国2.02万家境内投资者在国（境）外共设立境外企业3.08万家，分布在全球188个国家（地区），年末境外企业资产总额4.37

万亿美元。从行业分布来看，截至 2015 年年末，中国对外直接投资覆盖了国民经济所有行业类别。存量规模上千亿美元的行业有 4 个，其中租赁和商务服务业以 4095.7 亿美元高居榜首，占中国对外直接投资存量的 37.3%；其次为金融业 1596.6 亿美元，占 14.5%；采矿业 1423.8 亿美元，位列第三，占 13%；批发和零售业 1219.4 亿美元，占 11.1%。生产性服务业产业向外转移体现了沿线资源丰裕、产业体系尚不完备的国家将生产性服务业与制造业融合以实现产业结构整体升级的诉求。

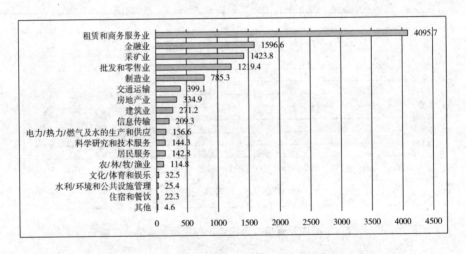

图 3-3　截至 2015 年年末中国对外直接投资行业分布情况（单位：亿美元）

"十二五"期间，是中国对沿线国家产业转移与投资的快速发展时期。自 2011 年起，投资存量迅速增长。相比于 2007 年，2015 年中国对沿线国家对外投资增长近 8 倍。然而，从占中国 OFDI 总量的比值来看，除金融危机后三年比重稍有下降外，其他年份均保持 3.5%~4.5% 比较稳定的水平。对沿线国家投资量并不高，还有比较大的拓展空间。

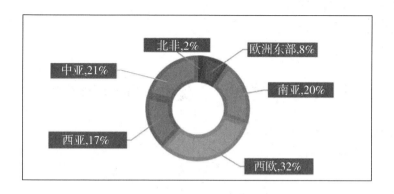

图 3 - 4　中国对沿线不同地区投资情况

数据来源：2015 年中国对外直接投资统计公报。

　　从"一带一路"沿线不同经济体类型来看，中国对沿线不同经济体的直接投资差异不大。2015 年年末中国对"一带一路"沿线国家的直接投资存量主要集中于发展中经济体，比重占 38%，对发达经济体和转型经济体投资分别占 33% 和 29%。中国凭借着较强的制造能力、适中的技术水平和资源配置能力，不断加大与发展中经济体的经济合作，调整自身产业结构，实现与发展中经济体的互惠互利、合作共赢。但仍须注意到的是，由于当前部分发展中国家经济体的社会、政治、经济以及各项制度还处于形成中，发生变化或转型的风险还比较高，这在客观上增加了我国的投资风险。在投资的区位分布方面，"丝绸之路经济带"沿线六大区域中，对西欧的投资比重最高，达 32%。中亚、南亚以及西亚地区投资量相当，分别占了 21%、20% 及 17%。而对欧洲东部以及北非的投资量略低，两者总和仅占 10%。

第四章

基于引力模型的"丝绸之路经济带"产业转移

一、引力模型的运用范围

（一）引力模型在社会经济学领域的运用

引力模型是地理学家、社会学家与经济学家为了解释与预期人类在地理空间上的经济、社会及政治性相互影响与相互作用的方式，利用经典力学中牛顿万有引力公式建立的一种理论假说（徐欢等，2010）。引力模型在社会经济领域的最初应用来自凯瑞（1858）的研究。其所著的《社会科学原理》，直接应用万有引力现象解释社会现象。他认为社会科学领域中的现象与物理科学领域的现象一样，会受到万有引力的影响。他把这种影响称为"社会分子引力"。最初引力模型仅是一个简单的计量模型，自20世纪40年代，地理学家、经济学家才大规模在理论分析与经验检验方面引入引力模型。20世纪60年代开始，经济学家将引力模型引入国际贸易领域。最早把引力模型应用到国际贸易中的是丁伯根（1962）和帕依罗宾（1963）。他们为了说明在由多个国家组成的世界里贸易流量的不对称现象，即大国贸易量占其 GNP 的比重小于小国，建立了贸易引力模型。后来，由于引力模型在阐述物物之间联系的强大解释力与适用性，被广泛运用到包括双边贸易与投资潜力（拜尔、伯格斯特兰德，2008；托马斯，2008；李林玥等，2018；郝景芳、马弘，2016）、城市经济空间格局（彭芳梅，2017；李陈、靳相木，2016）、人口城乡流动（萨哈利亚、博萨库尔，1984；安德森，2010；毛丰付、王建生，2016）等方面的研究中。

引力模型在经济社会研究中的广泛应用可以归结为三个方面的优势。一是其在预测各种变量（国家经济规模、地理位置远近等）对于双边交易流量的影响大获成功。比如，经过引力模型的验证，确实可以说明地理因素与贸易路径有其相关性，两国之间的贸易与两国之间的经济大小成正比关系，两国之间的贸易与两国之间的地理上或文化上距离成反比关系。二是理论体系日趋成熟。在诸多学者如丁伯根、安德森（Anderson）、克鲁格曼等经营之下，理论基础越发稳固。三是经济学家对于地理区位与贸易的关系产生了新兴趣，学习能力、生产力效率以及要素集聚成为新经济地理学学者的重要关注。简单说，引力模型的基本观点就是论证了国家、地区或区域的双边往来中，地理因素、经济规模、人口等自然因素的作用远远超过了其他控制因素。目前引力模型已成为分析国际经济整合与交往互动最常用的一种方法。

（二）引力模型在产业转移测度中的运用

学术界在运用引力模型进行产业转移测度的实证分析中，一般的做法是用直接投资作为产业转移的表征变量。例如，饶华、朱延福（2013）从效率寻求视角出发，研究了中国对东盟国家直接投资的现状并利用引力模型进行实证检验。结果表明，中国的 OFDI 具备明显的效率寻求的特征，东道国低劳动力工资对中国 OFDI 具有显著的吸引力。同时，OFDI 技术输出型动机明显，东道国资源禀赋和市场规模也对中国的 OFDI 产生显著作用。基础设施和劳动力素质对中国的 OFDI 影响不显著，中国的 OFDI 仍处于效率寻求的初始阶段。严佳佳等（2019）研究中国对"一带一路"国家 2006 年至 2016 年直接投资效率与投资效率的摩擦干扰问题，使用的研究方法是：运用时变随机前沿引力模型研究投资效率、利用全球治理指标和营商环境指标变量为技术无效率因素。研究发现：中国直接投资效率处于较低水平，对发展中国家的投资效率高于发达国家，对"21 世纪海上丝绸之路"的投资效率高于"丝绸之路经济带"。对此的解释是，产业转移是资源供给或产品需求条件发生变化后，某些产业从一个国家（地区）转移到另一个国家（地区）的经济行为和过程（陈建军，2002），通常以相关国家或地区间的投资、贸易以及技术转移活动等综合性生产要素与商品流动的一揽子资源协议，实现资源的优化配置（郭露等，2016）。

二、计量模型与变量的设定

（一）计量模型的设定

自安德森（1979）提出国际贸易领域引力模型的基本理论以来，

引力模型不断得到扩展。本研究结合安德森和温库伯（2003），张鹏飞（2018）等人的研究，将引力模型设定如下：

$$X_{ij} = C\frac{Y_i^a Y_j^b}{D_{ij}^2} \tag{4-1}$$

各参数的定义如下：X_{ij}表示 i 国对 j 国的产业转移吸引力，C 为比例系数，Y_i^a 为 i 国产业转移承接条件的作用因子，Y_j^b 为 j 国产业向外转移条件的作用因子，D_{ij}^2 表示两国之间距离的平方。产业转移引力模型认为两国之间的直接投资流量与各自经济规模成正比，与两国之间的地理距离成反比。产业转移引力模型估算出的产业转移吸引力拟合值可视为转移潜力，实际直接投资流量与直接投资潜力的比值可用于衡量直接投资（产业转移）的效率。

本书在引力模型一般形式的基础上，通过适当引入新的解释变量，建立一个包含多重影响因素的拓展引力模型，具体形式如下：

$$\ln F_{ijt} = \beta_0 + \beta_1 \ln pgdp_{it} + \beta_2 \ln pgdp_{jt} + \beta_3 \ln dpgdp_{ij} + \beta_4 \ln distcap_{ij} +$$
$$\beta_5 \ln pop_{it} + \beta_6 \ln openn_{it} + \beta_7 \ln edis_{ij} + \beta_8 \ln are_{it} + \beta_9 \ln gofe_{it} + u \tag{4-2}$$

（二）变量的设定

本部分研究以代表产业转移的中国对沿线国家的对外直接投资（OFDI）为被解释变量，解释变量包括我国的人均 GDP、沿线国家的人均 GDP、我国与沿线国家人均 GDP 之差、两国的地理距离与经济联系等；其他控制变量包括人口总量、两国之间的贸易依存度、各国自然资源租金占比以及各国政府效率等。

1. 中国对外直接投资（F_{ijt}）

鉴于研究数据的连续性，本研究选取中国对"丝绸之路经济带"沿线国家直接投资存量衡量对外直接投资水平，具体数据来自历年中国对外直接投资统计公报。

2. 中国人均 GDP（$pgdp_{it}$）

投资国经济发展水平是影响一国对外直接投资的重要因素。在其他条件相同的情况下，对投资国来说，其经济规模越大，所拥有的资本量越大，潜在的投资能力也越大，因而进行对外直接投资的能力也就越强。因为经济规模在一定程度上决定了国内公司的经营规模与能力以及进行海外投资时募集资本的能力。所以我们推断投资国的经济规模与对外直接投资呈正相关关系。我们用中国人均国内生产总值来代表经济总量，并取自然对数。

3. 产业承接国人均 GDP（$pgdp_{jt}$）

产业承接国的市场规模通常被作为产业承接国的"吸引力"，同样是吸引直接投资流入的重要因素。查克拉巴蒂（2001）认为东道国的市场规模与其吸引的国际投资正相关。产业承接国经济规模越大，吸纳直接投资的能力越大。市场规模反映市场需求，规模越大，需求越多，越有利于企业形成规模经济，降低生产成本。我们用产业承接国人均国内生产总值来代表经济总量，并取自然对数。

4. 人均 GDP 差额（$dpgdp_{ij}$）

产业转出国与产业承接国的经济规模差异越小，表示两国之间产品供需结构与能力越接近，则越有可能发生产业内贸易及产业的转移与承接。我们用两国人均 GDP 差额的绝对值来表征经济规模的差异，并取自然对数。经济发展水平相似的国家具有相近的需求结构，它不但有利于国际贸易的发展，对国际投资也有促进作用，特别是市场寻求型的国际直接投资，这是因为它们具有相同或相似的需求偏好、技术水平和获取某些外部资源的方法，从这一点上考虑，中国在对发展中国家的直接投资方面具有优势，而对发达国家的国际直接投资则可能不具备这样的优势。

5. 地理距离（distcap$_{ij}$）

距离是制约对外投资的重要因素之一。地理距离的增加意味着运输成本和投资管理成本的增加。韦伯在其著作《工业区位论》中指出运输费用最小的区位是最好的区位，企业尽量减少产品的运输费用以增加利润。投资企业既要考虑产品的最终消费地，又要考虑原材料的采购地，原材料和产品的运输都需要成本。因此，那些距离近、运输成本低的地方对生产企业具有较大的吸引力。我们以地理距离来反映产业转移的成本费用。距离越远，发生转移的可能性越小。具体以两国首都之间直线距离的对数值来表示。

6. 两国之间的政治经济联系（edis$_{ij}$）

两国之间直接投资行为的发生，不仅受到经济规模以及地理距离的影响，也同时受到两国之间的政治经济交往密切程度的影响。一方面，在其他条件不变的情况下，两国之间存在历史文化传承、具有一贯以来良好的政治经济合作基础等因素也会直接影响到两国产业转移发生的规模与程度。另一方面，加入国际或区域组织，本身是对信息透明化的要求。高度的信息透明化能够为企业管理者带来更多发现市场的机会，尽可能地避免因信息不对称带来的损失，使众多投资者能够在一个较为公平的环境中发展，促进并激励其进行投资。我们以两国是否为亚投行成员国、WTO 成员方，是否签订投资保护协定、避免重复征税协定为代表，按满足条件的数量分别赋值 0~4。数值越大，表示政治经济联系越紧密。

7. 市场规模（pop_{it}）

市场规模决定了地方市场需求的大小，进而决定跨国企业可获得经济规模的大小。在边际报酬递增时，企业通常希望通过对外投资形成规模经济减少生产成本。市场规模越大，企业形成规模经济的可能性越大。此时，企业可通过对外投资扩大生产，减少生产成本。当市场需求过小时，生产成本会因为不显著的规模报酬而居高不下。这里以人口规模的大小来表示市场规模。

8. 对外开放程度（$openn_{it}$）

中国与东道国的贸易往来也是中国企业对外直接投资时需要考虑的一个影响因素。随着世界经济发展程度的不断加深，各国之间的贸易往来日益频繁，开展对外贸易成为各国融入世界经济的重要举措。国际贸易额越高，说明东道国与中国的经贸关系越密切，但同时贸易往往也会对投资起到替代作用。这里，以我国与各国的贸易依存度的大小来表示对外开放程度。

9. 自然资源（are_{it}）

资源状况作为中国企业对外直接投资的影响因素之一，它不仅包括东道国的自然资源，同时还包括东道国的人力资源，二者将共同影响中国企业对外直接投资的区位选择。自然资源越丰富的国家，越能够吸引中国企业对其进行直接投资。可见，东道国的自然资源存储量对中国企业的投资选择具有正向的推动作用,中国企业希望利用丰富的自然资源不断扩大市场规模,以提高自身竞争力。我们以各国自然资源租金占比来表示自然资源的丰裕程度。

10. 东道国政治环境与政府效率（$gofe_{it}$）

国内外学者对东道国政治环境与政府效率进行研究的结果表明,一国政治环境对吸引外来投资有着较为重要的影响。在"一带一路"沿线国家中,与中国经贸往来较为密切的国家如韩国、新加坡等,均有着较好的政治环境和较高的政府效率。一般来说,动荡的政治环境和低下的政府效率会形成较高的直接投资成本,即使在盈利能力较大的情况下,东道国的战争或政治动荡等也可能会给投资者带来极大的损失,进而影响投资国的投资决策。以世界银行 WGI 指数中政府效率为代表,反映促进产业转移的政府态度。效率越高,越能有效促进产业转移。

主要变量含义、度量方法及具体说明见表4-1。

表4-1 引力模型中各变量的含义与理论说明

变量		含义	说明
被解释变量	lnF_{ijt}	中国对沿线国家的 OF-DI 的对数形式	中国对沿线国家的 OFDI,会受到以下经济变量（包括但不限于）的影响
解释变量	$lnpgdp_{it}$	我国人均 GDP 的对数形式	反映我国的供给能力。经济规模越大,直接投资量越大
	$lnpgdp_{jt}$	各国人均 GDP 的对数形式	反映承接国的需求能力。经济规模越大,直接投资量越大
	$lndpgdp_{ij}$	我国与各国人均 GDP 之差的绝对值的对数形式	反映双方供需能力的接近度。该值越小,供需匹配的能力越接近,越有可能发生产业内贸易

变量		含义	说明
解释变量	$lndistcap_{ij}$	两国首都地理距离	反映产业转移的成本费用。距离越远，发生转移的可能性越小
	$edis_{ij}$	两国的经济联系	以两国是不是亚投行成员国、WTO成员方、是否签订投资保护协定、避免重复征税协定为代表，按满足条件的数量分别赋值 0～4 。数值越大，表示经济联系越紧密
控制变量	$lnpop_{it}$	人口总量的对数形式	反映一国的市场规模大小
	$openn_{it}$	贸易依存度	反映我国经济开放程度
	are_{it}	自然资源租金占比	反映对自然资源的依赖程度
	$gofe_{it}$	政府效率	以世界银行 WGI 指数中政府效率为代表，反映促进产业转移的政府态度。效率越高，越能有效促进产业转移

（三）研究数据来源与描述统计

本研究借鉴胡鞍钢等人（2014）以及王瑞、温怀德（2016）、龚新蜀等人（2016）对于"丝绸之路经济带"沿线国家划分，研究对象包括中国、埃及、法国、德国、印度、伊朗、意大利、哈萨克斯坦、吉尔吉斯斯坦、巴基斯坦、俄罗斯、沙特、土耳其、乌克兰、塔吉克斯坦、土库曼斯坦、乌兹别克斯坦等沿线 17 个国家。由于塔吉克斯坦、土库曼斯坦、乌兹别克斯坦以及伊朗在部分年度数据不全，因此，在实证分析中剔除这四个国家。我国对各国的产业转移以对外直接投资存量数据为代表，数据来源于各年度《中国对外直接投资公报》；我国与各国签订双边投资保护协定、避免双重征税协定情况来源于中国商务部网站；地理距离来源于百度地图，其他数据来源于世界银行数据库。部分国家部分年度缺省数据以插值法补齐。

研究中，对各变量的描述统计特征进行分析，具体如表4－2。

表4－2 变量描述性统计

变量名称及含义	简写	平均	标准误差	标准差	最小值	最大值
OFDI（百万美元）	F_{ijt}	101821.49	13020.17	162621.83	6.00	844488.00
中国人均GDP（美元）	$pgdp_{it}$	4309.05	674.79	2432.98	1288.64	8069.21
承接国人均GDP（美元）	$pgdp_{jt}$	13992.09	1222.14	15264.56	380.51	47902.65
人均GDP差	$dpgdp_{ij}$	11942.76	1075.81	13436.91	75.30	42227.95
地理距离（km）	$distcap_{ij}$	6037.75	135.51	1692.53	3499.00	8214.00
经济联系	$edis_{ij}$	2.88	0.04	0.55	1.00	4.00
总人口（万人）	pop_{it}	16469.14	2567.57	32068.96	504.33	131105.05
开放程度	$openn_{it}$	0.55	0.02	0.21	0.21	1.15
自然资源租金占比	are_{it}	9.30	1.02	12.69	0.04	55.91
政府治理	$gofe_{it}$	0.03	0.06	0.78	−0.95	1.81

（四）实证分析结果

本研究使用联合回归、固定效应、随机效应、系统GMM四种方法对2003—2017年我国对"丝绸之路经济带"沿线13个国家的产业转移进行分析，估计结果如表4－3。

表4-3 拓展引力模型回归结果

解释变量	被解释变量 Ln（OFDI）			
	OLS 估计	固定效应	随机效应	系统 GMM
C	14. 07692 *** (3. 286679)	32. 90025 *** (9. 241917)	5. 220350 (0. 477902)	4. 388438 * * (2. 132669)
LNPGDPI	0. 297556 * * (2. 047190)	0. 274926 * (1. 792839)	0. 20374 *** (2. 664675)	0. 840923 (0. 192049)
LNDISTCAP	- 2. 460539 *** (- 4. 957145)	- 2. 852564 *** (- 6. 072156)	- 2. 163072 * (- 1. 717985)	- 7. 486051 * (- 1. 834845)
LNPOP	- 0. 025989 * * (- 2. 389676)	- 0. 199725 * * (- 2. 037121)		
EDIS	0. 662405 *** (2. 924741)		0. 165716 * (1. 915606)	
OPENN	0. 038523 *** (5. 659154)	- 0. 028879 *** (- 4. 920002)		- 0. 279271 (- 0. 133428)
LNDPGDP	0. 275490 * * (2. 069875)	0. 471466 *** (3. 541698)	1. 150675 *** (3. 178020)	1. 847380 (0. 395712)
LNPGDPJ	3. 032254 *** (14. 55703)		2. 854486 *** (23. 38656)	0. 236031 (0. 800738)
GOFE	1. 339024 *** (4. 696658)			
ARE	0. 039726 *** (4. 124866)	- 0. 438441 (- 1. 581029)	0. 064600 *** (3. 683410)	
AR（1）				0. 079655 (1. 069507)
AR（2）				1. 018833 (0. 982808)

续表

解释变量	被解释变量 Ln（OFDI）			
	OLS 估计	固定效应	随机效应	系统 GMM
Hansen				42. 09354 （0. 2802）
R-Square	0. 865545	0. 744539	0. 826083	
Adj. R-Square	0. 851093	0. 710975	0. 820286	
F – staticstic	52. 96910	22. 18254	142. 4963	
P – value	0. 000000	0. 000000	0. 000000	

以上四种估计方法中，对部分变量进行了对数变换以克服引力方程中可能存在的异方差问题。同时，在回归过程中采用了逐步回归法，先对所有解释变量和控制变量进行回归，再分次剔除回归过程中某些 t 值较小的变量，直到模型的整体显著性水平和拟合效果显著改善。系统 GMM 法估计结果中，Hansen 检验值为 0. 28，可以认为估计中工具变量选择有效。然而，通过调整解释变量仍不能实现多数变量 t 值不显著的效果。因此，可以认为 GMM 法在本研究中的解释能力有限。其他三种方法中，随机效应和固定效应模型的回归中，Hausman 检验值不具有显著性，说明采用随机效应优于固定效应。观察混合模型与随机模型的回归结果，混合模型中所有变量 t 值均显著，且模型的拟合优度高于随机模型。因此，本研究在后续估计产业转移潜力时，采用混合模型的估计值。具体方程如下：

$$\ln F_{ijt} = 14.08 + 0.29\ln pgdp_{it} + 3.03\ln pgdp_{jt} + 0.27\ln dpgdp_{ij} -$$

$$2.46\ln distcap_{ij} - 0.03\ln pop_{it} + 0.03openn_{it} + 0.66edis_{ij} + 0.04are_{it} + 1.34gofe_{it}$$

$$(4-3)$$

从回归结果可知，东道国人均 GDP、中国人均 GDP 以及两国人均 GDP 之差均与中国对东道国直接投资流量成正比。说明直接投资量的大小与产业转出国与产业转入国经济体量的大小正相关。同时，中国对东道国的直接投资，当两国人均 GDP 相差一个百分点，直接投资量会增加 0.27 个百分点。说明中国对外直接投资呈现出对东道国发展梯度选择的特征。两国间的地理距离以两国首都的直线距离表示。结果显示，地理距离增加一个百分点，直接投资会减少 2.46 个百分点。地理距离与直接投资量呈反比例关系。一定程度上，地理距离可以看成直接投资的成本构成。距离越远，费用越高，直接投资量会减少。估计结果中，人口的因素也与直接投资量成反比例关系。一般而言，人口因素反映了一国市场的大小，回归结果与一般的认知存在差异。沿线国家中，除印度是人口大国外，其他国家人口数均不大。说明在一定程度上中国对外直接投资在东道国的选择上相比于利用人口红利，更重视新市场的开拓以及国际产能合作。控制变量中，开放程度、经济联系同样会影响中国对沿线国家的产业转移，且两者呈现正比例关系。代表政府工作效率、腐败控制力度以及国家政治稳定程度的政府治理系数为 1.34，表明政府治理水平每提高一个百分点，会吸引中国对其投资增长 1.34 个百分点。沿线国家中，中国产业向外转移对埃及、土耳其、巴基斯坦等国国家政治稳定性的需求要大于沿线其他国家。投资潜力分析中，参考张萌和张宗毅（2015）对投资潜力划分的分类标准，比较中国对东道国实际投资额与混合回归模型中估计的投资额，以实际值除以估计值代表投资潜力 P。P 值小于 1，意味着双方投资潜力拓展空间大，反之则相反。据此，可将沿线国家按产业转移潜力的大小划分为三大类。

表 4-4　中国对沿线国家投资潜力判断

序号	国家	实际值	估计值	P 值	投资潜力
1	埃及	11.102	9.860	1.126	产业转移潜力平衡型
2	法国	13.258	13.181	1.006	产业转移潜力平稳型
3	德国	13.285	14.494	0.917	产业转移潜力成长型
4	印度	12.840	11.345	1.132	产业转移潜力平稳型
5	意大利	11.442	12.031	0.951	产业转移潜力成长型
6	哈萨克斯坦	13.141	13.940	0.943	产业转移潜力成长型
7	吉尔吉斯斯坦	11.581	16.103	0.719	产业转移潜力待开发型
8	巴基斯坦	12.908	10.293	1.254	产业转移潜力成熟型
9	俄罗斯联邦	12.598	11.109	1.134	产业转移潜力平稳型
10	沙特阿拉伯	12.403	13.884	0.893	产业转移潜力成长型
11	土耳其	11.797	11.608	1.016	产业转移潜力平稳型
12	乌克兰	8.838	13.121	0.674	产业转移潜力待开发型

三、研究小结

（一）产业转移潜力判断

基于地缘经济的视角，从沿线国家贸易与投资新格局的形成、全球价值链产业分工变化以及地缘政治格局的重塑等方面，分析中国与"丝绸之路经济带"沿线国家产业转移的基础与条件。通过采用拓展的引力模型建立分析中国对沿线国家产业转移影响因素的研究框架，利用2003—2017年中国对外直接投资数据进行检验，并通过比较实际值与预测值差异判断产业转移潜力。

第Ⅰ类：产业转移潜力成熟型，该类型 P≥1.2。此类型中沿线国家里只包括了巴基斯坦。巴基斯坦的实际投资值是估计投资值的1.254倍，说明存在过度投资的现象。从资金配置效率的角度来看，可能存在为扩大投资规模，将资金投入一些原来不熟悉或相对资金利用效率不高的领域的过度投资行为。

第Ⅱ类：产业转移潜力平稳型，该类型 1.0≤P<1.2。此类型的国家包括了法国、埃及、印度、俄罗斯以及土耳其。这五个国家的投资潜力 P 值基本保持在1.0～1.13的水平，说明实际的投资额与估计的投资额相当。目前的投资水平处于适度的水平上。

第Ⅲ类：产业转移潜力成长型，该类型 0.8≤P<1.0。此类型的国家包括了德国、意大利、哈萨克斯坦以及沙特阿拉伯。从这四个国家的投资潜力 P 值可以看出，实际的投资额略低于估计的投资额，说明目前仍有投资空间可以拓展。

第Ⅳ类：产业转移潜力待开发型，该类型 P<0.8。此类型的国家有两个，分别是吉尔吉斯斯坦和乌克兰。该类型的国家也可被称为投资不足型国家。实际的投资水平远低于估计的投资水平，说明在该特定国家的经济发展水平、人口规模与中国的地理距离、经济联系等因素的影响下，实际投资量有待进一步提升。两国的产业转移与产业合作还存在比较大的空间。

(二) 产业转移策略导向

1. 区位选择策略:"市场寻求 + 资源寻求"导向

从沿线国家的地理分布情况来看,"丝绸之路经济带"是当今世界上最具市场潜力、跨度最大的经济长廊,沿线国家较多,横贯印度洋、西太平洋与欧亚大陆。沿线国家中既有发达经济体,又有发展中经济体,国与国之间的禀赋优势与产业优势差异较大。优越的地理位置使大部分国家拥有丰富资源,包括了海洋资源、开发空间、国家人口以及经济总量等方面。金砖国家的庞大市场、西亚地区的资源优势、中亚地区亚欧大陆桥枢纽的位置优势对于国外直接投资具有强大的吸引力。一方面,中国对自然资源有着强劲的需求,另一方面,国内能源产业过度投资、产能过剩问题屡现。寻求新市场、资源互补型合作方式是消化国内过剩产能,推进能源基础设施建设,解决国内资源人均化、结构化短缺的重要手段。

2. 投资模式策略:"产业合作区 + 全球生产网络"导向

通过建立具有规模效益与辐射带动作用的经贸产业合作区,发展与当地产业转型升级相吻合的产业集群,促进与沿线国家的全面互联互通。运用"产能合作 + PPP + 国际多边金融机构融资"的新模式开展产业转移和产能合作。按照"政府搭台、企业运作、项目带动、利益共享"的思路,在生产加工基地、高端装备制造产业、能源绿色环保产业、高新技术产业与金融服务等重点产业开展产业合作,形成有竞争力的制造业服务业集群。这不仅可以在一定程度上规避对外产业转移风险、带动中国出口贸易增长,而且为中国与沿线国家在全球生产网络中提升价值链增加值创造条件与基础。

3. 政府支持策略："产业引导＋风险控制"导向

政府制度安排是制造业成功海外转移的关键因素之一。这样就需要通过国家层面签署相关协定，促进产业境外转移及经贸合作区建设。同时，给予"走出去"的企业在境外法律咨询、人员培训、企业融资等方面的服务，促进服务平台建设从供应链角度延伸到服务业。同时，沿线国家有着不同的地理环境与历史文化背景。沿线国家文化思想差异以及其国内局势不稳定也为直接投资带来多方面的挑战。因此，中国对外产业转移过程中更需要重视"丝绸之路经济带"投资中的风险评估。中国政府应充分发挥政策主导性作用，组织相关部门实地考察投资国家的风俗民情、宗教、文化等方面内容，形成《投资环境报告》《对外投资国别指南》等，为中国产业"走出去"提供信息服务、风险预警和应急处置等方面的服务。

第五章

基于全球价值链视角的"一带一路"产业
转移

一、"一带一路"与全球价值链的时代背景

20世纪五六十年代伊始,产业的跨国、跨区域转移成为世界范围内经济发展的典型表征。跨区域的产业转移实质是具有趋利性的生产要素通过"用脚投票"进行空间位置的自我选择,以实现要素配置效率的空间优化。随着经济全球化和区域一体化浪潮的不断深入,生产要素在地区与地区之间流动日益频繁,资源的全球化配置业已深入全球生产环节的每一个角落。国际产业转移的第一次、第二次以及第三次产业转移浪潮分别表现为基于"边际产业"的高梯度产业向低梯度产业的转移,基于"产品生命周期"的生产要素密集程度变化以及基于"产业竞争力""国家竞争优势"的国际产业转移。当今世界的产业转移更多地表现为"产业分割""生产碎片化",成为新型的基于"全球价值链"的国际产业分工体系的载体。在全球价值链分解重构的背景下,产品的生产环节不再囿于一个单一经济单元内部了,而是国家和地区根据自身优势与条件,或主导或承接产品生产过程中的某一环节,并由此

而形成产品价值的增值链条。正是因为全球价值链嵌入能够为参与国带来技术与创新的新陈代谢（顾振华、沈瑶，2015）、生产方式与营销手段的"干中学"（吉亚辉、祝凤文，2011）、内部经济结构优化的"快车道效应"（罗长远、张军，2014）以及进一步地实现经济韧性（何剑、张梦婷，2017），各国与地区都积极融入全球经济一体化与全球价值链建设的趋势中。

在2013年9月和10月，中国分别提出了建设"丝绸之路经济带"和"21世纪海上丝绸之路"（以下简称"一带一路"）的发展倡议，在2015年更是全面启动"一带一路"。这一倡议是为了促进全球经济要素的自由流动、资源的高效配置和市场的高度融合而提出的国际区域经济合作新模式（张静中、王文君，2016）。迄今成效显著，已引发了新一轮的国际国内投资、贸易、产业转移与合作热潮。2016年，"一带一路"沿线64个国家GDP之和预测为12.0万亿美元，占全球GDP的16.0%；人口总数为32.1亿人，占全球人口的43.4%；对外贸易总额为71885.5亿美元，占全球贸易总额的21.7%[①]；"一带一路"沿线国家对华直接投资新设立企业2905家，对华直接投资金额71亿美元；中国对"一带一路"沿线国家直接投资达到145亿美元，在沿线20多个国家建立了56个经贸合作区，累计投资超过185亿美元[②]。同时，我们也观察到，"一带一路"建设涉及众多国家和地区，各国经济发展基础、资源禀赋、贸易规模、主导产业各异。各国在"一带一路"建设

[①]　相关数据来源于《"一带一路"贸易合作大数据报告（2017）》。
[②]　相关数据来源于国家统计局和商务部相关数据。

中的战略地位以及全球价值链分工体系中扮演的角色与作用亦有差异。沿线发达国家在全球经济增速放缓的大环境中，要求借助"一带一路"的平台作用，强化在全球价值链中的主导地位；发展中国家与转型经济体要求借助国际产业转移契机，摆脱价值链的"低端锁定"（黎峰，2016）和"被俘获"现象（汉弗莱、施密茨，2004）。而中国正处于由要素驱动转向效率与创新驱动时期，也产生了转移边际产业、延长产业寿命、实现价值链攀升的需求。对于已经深度融入全球价值链体系的沿线各国，在这一体系中究竟处于何种位置？参与这一体系的国际竞争力到底如何？产业的转出与转入具有怎样的发展变化趋势？这些问题都是值得深入研究的重要课题。

二、产业转移与全球价值链的理论研究

区际产业转移是产业分工形成的重要因素，也是转入地区与转出地区进行产业结构调整，进而实现产业结构升级的重要途径（陈建军，2002）。产业转移的基础理论最早是以发达国家与发展中国家之间的产业转移为背景提出的。比较成熟的理论可以追溯到 20 世纪 30 年代日本学者赤松要（1932）在其论文《我国经济发展的综合原理》中提出的"雁行模式"（Wide－Geese Flying Pattern）。东亚传统的"雁行模式"勾画出一幅以日本为"领头雁"的东亚经济发展的图景。传统的研究产业跨区域转移的理论还包括了弗农（1966）提出的"产品生命周期理论"、邓宁（1977）提出的国际生产折中理论以及小岛清的"边际产业扩张论"（1978）。传统的产业转移理论，分别从产品、企业、产业

的角度考察了产业转移的原因。但是，这些理论都是在"比较优势"及新古典分析框架下展开分析的。规模报酬不变和完全竞争市场结构是上述理论分析的基本前提。不同于传统的产业转移理论，以克鲁格曼（1991）经典文献为基础而发展起来的新经济地理学（NEG）尝试在规模报酬递增和不完全竞争框架下解释产业转移现象。新经济地理学现有的关于产业转移发生机制的解释模型主要有核心—边缘模型（鲍德温等，2003）、产业垂直关联模型（欧塔维亚诺，2002）、自由资本模型（佛斯利德，1999）以及知识关联模型（伯利安特、藤田，2006）等。传统的产业转移理论，比如产品的生命周期理论对一些以市场为导向的制造业国际投资行为具有一定的解释力度。但是，随着国际产业分工的不断加深和经济全球化的加快，许多国际生产并不符合传统理论所设计的线性模式（魏后凯，2006）。国际上对产业转移的研究越来越多地从产业转移的机理与模式研究向产业转移效应、全球生产网络与价值链、技术创新与竞争优势等方面转变。近年来，学者对于全球价值链的研究往往与跨国垂直一体化、全球"生产与采购"决策、产业升级和全球地位测算有关。杰瑞夫（1999）将"商品价值链"扩展为"全球价值链"，认为全球价值链是决定金融资源、物质以及人力资源如何在相互联系的链条内分配与流动的一种有力的关联。全球价值链强调本地生产者如何提升生产过程、保持高产品品质并加快反应速度以适应全球需求者的产品诉求（科斯蒂诺，2013）。帕林尼克（2012）基于中欧与东欧地区汽车产业的 FDI 流入量的地理空间变化，分析了低成本附加与成本敏感型生产活动如何受益于 FDI 实现产业升级。哈姆斯等（2012）在考虑了运输成本与其非单调效应的基础上，运用一个多国参与模型分析了不同国家在全球价值链中的地位，那些从事知识密集型任务的国家更多处于生产链上游。基于产业链关联的产业转移，是建立在内生比较优势基础上的，能够增强区际产业联动效应，使转入产业真正嵌入或根植当地产业链（刘新争，2016）。

关于产业转移的定量测算，国际上比较流行的做法是运用对外直接投资的数据通过区位熵原理来构建（马利亚、罗伯托，2004）。在我国，由于国家统计年鉴乃至地方统计年鉴有相应数据统计，数据比较容易获取，从而这类指标容易被研究者所采纳。陈建军（2007）构建区域产业竞争力系数的动态变化来评估产业区域转移的存在。张公嵬、梁琦（2010）根据各区域产业销售产值，运用赫芬达尔指数、区位熵与产业的绝对份额三个指标综合测度了中国产业的转移程度。靳卫东等（2016）利用基尼系数来测度产业转移的存在以及存在明显的行业和地区差别。覃成林、熊雪如（2013）设计了一个"一产业三区域"的产业转移模型，把产业转移相对量与区域之间的经济关联度结合起来，分别以区位熵指数和修正后的引力模型建立产业转移相对量和区域经济关联度测度方法，分别计算了2000—2010年劳动密集型、资源密集型和技术密集型制造业的专业化指数、转移相对净流量，用于分析中国制造业转移的趋势和相对规模变化。需要指出的是，由于产业投资还只是产业转移的实现形式，不能等同于产业转移的结果。选择投资指标还不能完全反映产业转移问题。刘红光等（2014）从广义的产业转移内涵出发，借鉴区域间投入产出模型定量分析了我国2007—2010年省区间的产业转移，验证了我国区域间产业转移的阶段性特征，即低端产业正从经济较为发达的东部地区向中西部地区转移，而高端产业仍集中在东部地区。

综合国内外研究文献发现，测度区域产业转移的指标很多，但并不统一。对产业转移程度的测度方法，运用区位熵法、赫芬达尔指数法或三次产业产值变化程度法只是得出了产业转移的相对程度，并不能全面反映产业间、区域间以及时间维度的动态的变化、相互关系，更不能完整地反映出不同地区在全球价值链分工体系中的"地位—参与度—显性比较优势"（乔小勇等，2017）。这些相对量指标的变化，会受研究区域范围、产业升级速度差异的影响，并不能准确描述产业转移过程。刘红光等（2014）的研究虽也用到了投入产出表，但测度的范围是我国国内的区域产业转移情况，用的衡量指标是净转出的绝对规模；而利用世界投入产出表进行研究的领域多在国际贸易领域（顾国达、周蕾，2010；邱玉娜，2016）。与已有研究不同，本研究利用世界投入产出表这一分析工具，从中国与沿线国家相互联系的视角分行业、分时段对沿线国家产业转移进行统计测度。世界投入产出表可全面系统地反映各国、各地区之间的投入产出关系，揭示生产过程中各国、各地区之间相互依存和相互制约的经济技术联系，是对沿线国家产业转移进行统计测度的有效技术手段。

三、研究方法与数据说明

（一）基本模型与方法

投入产出模型最早由美国经济学家列昂惕夫（W. Leontief）在 20

世纪 30 年代提出。艾萨德（Isard W，1951）在此基础上开发了区域间投入产出模型（IRIO）。这一模型在研制区域内中间投入与最终产品流量矩阵的同时，还需要研制分区域、分部门的区域间的产品流量矩阵（刘卫东等，2012）。同理，世界投入产出表反映了国家间投入产出关系的变化，通过构建投入产出模型可以准确刻画世界各国产业投入产出关系，以此全面地测算经济带辐射国家间的产业转移量。为测量"一带一路"沿线国家产业转移程度，本研究基于 IRIO 的基本模型，设立一个 m 个区域间的投入产出模型，将研究对象集中于多行业、多时段，计算 m 个区域之间多行业多时段的产业转移程度。

假设存在 m 个国家，每个国家都有 n 个产业部门，每个国家的每个产业生产单一产品，所有国家的所有产品种类总和为 $m \times n$ 种。每个国家每个部门需要利用来自国内的中间投入和来自国外的中间投入生产产品。这些产品既可用于满足最终需求，也可作为国内外生产中的中间投入品。据此，建立世界投入产出基本模型，见表 5 - 1。

表中，x_{ij}^{ab} 表示 a 国 i 部门产品对 b 国 j 部门产品生产的供给，形成了对 b 国 j 部门产品的中间投入。因此，从纵向看表示 b 国 j 部门产品生产中对 a 国 i 部门产品的消耗量，从横向看是表示 a 国 i 部门产品分配给 j 国 b 部门产品生产的使用量。而 Y_i^{ab} 则表示 a 国 i 部门对 b 国最终产品的供给，X_i^a 表示为 a 国 i 部门的总产出，且

$$X_i^a = \sum_{j=1}^n \sum_{b=1}^m x_{ij}^{ab} + \sum_{b=1}^m Y_i^{ab} \qquad (5-1)$$

表5-1 世界投入产出简表

国家部门列表			中间使用						最终需求			总产出
			国家1			……	国家 m		国家 1	……	国家 m	
			部门 1	……	部门 n	……	部门 1	部门 n				
中间投入	国家 1	部门 1	X^{11}_{11}	……	X^{11}_{1n}	……	X^{1m}_{11}	X^{1m}_{1n}	Y^{11}_1	……	Y^{1m}	
		……	……	……	……	……	……	……	……	……	……	
		部门 n	x^{11}_{n1}		x^{11}_{mn}		x^{1m}_{n1}	x^{1m}_{nm}	Y^{11}_n	……	Y^{1m}_n	X^1_n
	…		……		……		……	……				
	国家 m	部门 1	X^{m1}_{11}	……	X^{m1}_{1n}	……	X^{mn}_{11}	X^{mn}_{1n}	Y^{m1}_1	……	Y^{mn}_1	X^m_1
		……	……	……	……	……	……	……	……	……	……	
		部门 n	x^{n1}_1	……	x^{m1}_m	……	x^{mn}_1	x^{mn}_{nm}	Y^{m1}	……	Y^{mn}_n	X^n_n
增加值			V^l_1	……	V^l_n	……	V^m_1	V^m_n		……		
总投入			x^1_1	……	x^1_n	……	X^m_1	X^m_n		……		

根据广义的产业转移的定义，b 国最终需求增加引起了 a 国 i 部门的产业增加，可以看作 b 国向 a 国的产业转移（刘红光等，2011）。因此，b 国向 a 国 i 部门的产业转移可表示为：

$$\Delta x^{ab}_i = x^{ab}_{i,t+1} - x^{ab}_{i,t} \qquad (5-2)$$

其中，$t+1$ 和 t 分别代表了两个不同的时间段。进一步地，用 Δx^{ab}_t 只能衡量 b 国向 a 国 i 部门转移的净转移量，并不能观察到这一转移在全球产业结构与国际分工中所处的具体位置与贡献。基于此，我们构建总体产业的净转移率指标：

$$GNIF^{ab} = \Delta x^{ab} / \sum_{a=1}^{m} \sum_{b=1}^{m} \Delta x^{ab} \qquad (5-3)$$

其中，Δx^{ab} 表示 b 国向 a 国所有产业进行的产业转移量的总和，而 $\sum_{a=1}^{m} \sum_{b=1}^{m} \Delta x^{ab}$ 表示全球产业转移量的总和。当时，表示 $GNIF^{ab} > a$ 国为净转入国，且比值越大表示转入产业量越高；反之则相反。总体产业的净转移率指标可以较好地帮助我们衡量一国在国际产业转移浪潮中的地位和作用，但并不能很好地反映出某一国在某一时间段相比于上一时间段产业转移的动态变化。一国在某一时段是产业的净转出国，但经历时间变化后，也可能在另一个特定的时段从净转出国变为净转入国。基于此，我们构建了一个产业转移时变率指标：

$$GNIT^{ab}_{t_2 - t_1} = \frac{GNIF^{ab}_{t_2}}{GNIF^{ab}_{t_1}} \qquad (5-4)$$

这里，t_2 和 t_1 分别代表了不同的时间段，当 $GNIT^{ab}_{t_2 - t_1} > 1$ 时，表示后一时段的产业净转移方向不变，且程度要大于前一时段；当 $0 < GNIT^{ab}_{t_2 - t_1} \leqslant 1$ 时，表示后一时段的产业净转移方向不变，但程度要小于前一时段；当 $-1 < GNIT^{ab}_{t_2 - t_1} \leqslant 0$ 时，表示后一时段的产业净转移方向改变，程度要小于前一时段的绝对变化；而当 $GNIT^{ab}_{t_2 - t_1} < -1$ 时，表示后一时段的产业净转移方向改变，且程度要大于前一时段的绝对变化。

进一步地，总体产业的净转移率指标亦不能体现某一国某一产业在全球产业链中的具体位置。某一个国家为总体产业的净转出国，也可能存在国内某些产业向外转出的情况。基于此，我们构建了一个单一产业的净转移率指标：

$$SNIF^{ab}_i = \Delta x^{ab}_i / \sum_{a=1}^{m} \sum_{b=1}^{m} \Delta x^{ab}_i \qquad (5-5)$$

当 $SNIF_i^{ab} > 0$ 时，表示 a 国的 i 部门是净转入部门，且比值越大表示转入产业量越高。然而，单一产业的净转移率也只能反映出某一国某一产业的净转入比率，并不能很好地说明产业转出与转入的方向。因此，进一步地我们将对不同国家对 a 国的 $SNIF_i^{ab}$ 值进行排序，对应数值越高的国家，越能反映出该国为 a 国 i 产业的主要转出国。同理，当 $SNIF_i^{ab} < 0$ 时，表示 a 国为净转出国，且比值越大表示转出产业量越高。同样地，我们将对不同国家对 a 国的 $SNIF_i^{ab}$ 值进行排序，对应负数越高的国家，越能反映出该国为 a 国 i 产业的主要承接国。

（二）数据来源与说明

本研究所有数据均来源于世界投入产出数据库（WIOD，World In-put – Output Database）。该数据库涵盖了欧盟、北美、拉丁美洲以及亚太地区共 43 个国家和地区的数据，包含了 56 个产业部门类别，时间跨度从 2000 年开始，更新至 2014 年。考虑到世界投入产出表里包含的国家和地区以及产业数量为数众多，不能详尽地考虑到每一个国家每一个产业的对外交流与联系，本研究根据研究需要进行了国家和产业的筛选。具体规则有：（1）选取的国家应当包括处于全球价值链不同位置的国家代表，应既有发达国家，又有发展中国家，选择依据是世界银行数据库发布的世界发展指数中人均国民收入指标；（2）这些国家应当是"一带一路"沿线主要的国家代表；（3）可以直接从世界投入产出数据库查找到相关投入产出数据的国家。基于以上考虑，本研究选取的代表性国家包括德国（DEU，欧盟国家）、荷兰（NLD，欧盟国家）、俄罗斯（RUS，原独联体国家）、波兰（POL，中东欧国家）、土耳其

（TUR，西亚国家）、印度（IND，南亚国家）、印尼（IDN，东盟国家）以及中国（CHN，"一带一路"发起国）共八个国家。同时，考虑到产业转移是一个时间与空间的双维动态过程，我们将考虑各个国家在2000—2003 年、2003—2007 年、2007—2010 年、2010—2014 年共四个细分时段的产业空间变化。选取的主要产业部门包括农业、采选业、食品制造与烟草加工、纺织、木材加工、造纸、石油加工冶炼、化学制品、医药制造业、橡胶制品、金属制品、基本金属、电子光学、装备制造、交通设备、电力蒸汽供应、水处理及供应、建筑业、批发和零售贸易、陆路及管道运输、水路运输、航空运输、住宿餐饮、电信、咨询和信息等服务、金融服务、房地产共 27 个产业部门。

四、产业转移其及国别（地区）来源的测算与分析

（一）代表性国家整体产业净转移情况测算

1. 产业转移的总体趋势

根据公式（5 – 3），我们构建了代表性国家整体产业净转移率指标。这一指标可以用来衡量世界产业净转移总量、代表性国家产业净转移方向以及在世界产业净转移总量中的比重，并可以进一步判断代表性国家整体产业转移在全球价值链变化中的位置与贡献。

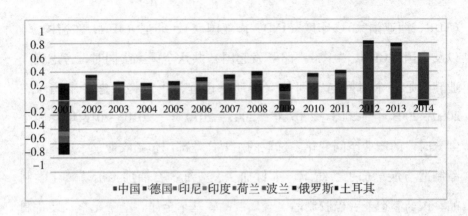

图 5 - 1 代表性国家各年度产业净转移率

2000—2014 年，世界范围内需求变化引致的全球产业空间转移总量达到了 98 万亿美元。其中"一带一路"沿线代表性国家产业空间净转移量达到了 32 万亿美元，占据了全球产业净转移量的 32%。中国的产业净转移量达到了 13 万亿美元，占据了全球产业净转移量的 13%。从各年度相比于上一年的整体产业净转移率数值来看，从 2000 年到 2014 年间，8 个国家的净产业转移率多数时段保持为大于零的值，说明大多数国家的整体产业转移情况为净转入。2001 年的数据显示除土耳其外其他 7 个国家该指标值为负，该年相比于上一年表现为产业的净转出。产业净转移值为负的时段和国家还有 2008—2009 年的中国，2011—2012 年的德国、印度、荷兰以及波兰，2013—2014 年的印度尼西亚、俄罗斯以及土耳其。

2. 产业转移的时空变化

为了更细致地观察代表性国家在某一时间段相比于上一时段的产业转移情况，我们将 2000—2014 年划分为四个时段，分别是 2000—2003

年（时段1），2003—2007 年（时段2），2007—2010 年（时段3），
2010—2014 年（时段4）。这里的具体做法分两步：第一步，先根据公
式（5-2）计算每一个不同时段的产业净转移量以及公式（5-3）每
一时段产业净转移率；第二步，基于公式（5-4），分别以该时段与前
一时段的净转移率指标相比较，得到不同时段的产业转移的时序变化
趋势。

表5-2 产业转移时变指标

	GNIT1-2	GNIT2-3	GNIT3-4	时段1~2	时段2~3	时段3~4
中国	1.4977	2.7141	0.9954	>1 净转入	>1 净转入	0~1 净转入
德国	0.5416	-0.9624	0.6775	0~1 净转入	<0 净转出	>1 净转出
印尼	1.1078	2.9917	0.2673	>1 净转入	>1 净转入	0~1 净转入
印度	1.2324	0.9483	-0.3520	>1 净转入	>1 净转入	<0 净转出
荷兰	0.5483	0.0590	5.2203	0~1 净转入	0~1 净转入	>1 净转入
波兰	1.3552	0.3837	1.0365	>1 净转入	0~1 净转入	>1 净转入
俄罗斯	1.3420	-0.1826	-1.0670	>1 净转入	<0 净转出	>1 净转入
土耳其	1.8591	0.5044	0.5583	>1 净转入	0~1 净转入	0~1 净转入

上面的产业转移的时变指标显示，2000—2014 年，虽然各国总体
产业均表现为产业的净转入国，但不同时段相比于上一时段表现出不同
的变化趋势。时段2相比于时段1，观察的8个国家 GNIT 指标均大于
零，说明这一时期各国为产业转移的净转入国。其中 GNIT >1 的国家
有中国、印度尼西亚、印度、波兰、土耳其以及俄罗斯，说明以上国家
不仅为产业转移的净转入国，转移的程度在时段2还远超过了时段1。
而德国、荷兰的 GNIT 指数均处于0~1 之间，说明这两个国家在时段2

的产业虽仍然表现为产业净转入，但转入的幅度相比于时段 1 减少。

时段 3 相比于时段 2，观察的 8 个国家呈现了比较大的差异。中国和印度尼西亚相比前一时段仍表现为产业的净转入，且净转入大幅增加，GNIT 值均超过了 2；印度、波兰、荷兰、土耳其的 GNIT 值小于 1，表示较前一时段产业虽仍表现为净转入，但转入的幅度大幅减少。尤其是荷兰，该值仅为 0.05；这一时期表现为产业净转出的有俄罗斯和德国两国。两国的 GNIT 值在这一时段变为负，由产业的净转入变成了净转出，说明了对其他国家中间产品及最终产品的需求大幅增加，引致这一时段两国的产业大幅向外转移。

观察时段 3 至时段 4 的变化，这一时期的国别差异仍然较明显。波兰和荷兰是两个 GNIT 值为正且大于 1 的国家。荷兰该值超过了 5，原因可能是由于在时段 2 ~ 3 期间，荷兰该值非常小，产业转移量不大。而在时段 3 ~ 4 期间，产业的净转入量大幅增长，导致了 GNIT 值成为三个时段中的最高值。这一时期，中国、印尼、土耳其的 GNIT 值为 0 ~ 1 之间，说明产业持续净转入，但转入的幅度相比上期有明显减少。德国的这一数值也处于 0 ~ 1 之间，但由于时段 2 ~ 3 期间，德国表现为产业的净转出，如果后一期也同为正，说明产业转移的方向不变与前期一致。因此，我们判断德国仍保持产业净转出的状态，但幅度不大。

（二）代表性国家分行业产业转移情况

1. 按要素密集度的产业部门细分

如前所述，为了更细致地观察"一带一路"沿线代表性国家的产业转移情况，除了考察产业的总体情况之外，更需要关注细分行业的产业转移，以进一步确认各国不同产业在全球产业价值链中的地位和作用。首先，综合陈晓华、刘慧（2014），魏伟等（2011）以及韩燕、钱春海（2008）的研究，我们将选定的27个产业部门划分为资源密集型、资本密集型、劳动密集型以及技术密集型产业。具体如表5-3。

表5-3　27个产业部门要素密集度分类

资源密集型（7个）	劳动密集型（5个）	资本密集型（11个）	技术密集型（4个）
农业 采选业 食品、烟草 木材加工 石油加工 电力蒸汽供应 水处理及供应	纺织 造纸 住宿餐饮 批发和零售贸易 橡胶制品	医药制造业 金融服务 房地产 航空运输 水路运输 陆路及管道运输 交通设备 装备制造 非金属制品 基本金属 建筑业	化学制品 电子光学 电信 咨询、信息等服务

2. 各国主要转入与转出产业分析

以下利用公式（5-5），对各国2010—2014年产业转移情况进行分行业、分要素密集度的产业转移进行分析。具体做法是将2010—2014年的世界投入表分产业部门进行分国家计算单一产业的净转移率（SNIF值）。表5-4显示了沿线代表性8个国家前五位的净转入与净转出产业，以及各产业对应的要素密集类型。计算结果显示，沿线8个国家净转入与净转出产业有不同表现。德国与荷兰是"一带一路"沿线发达国家的典型代表。从两国的净转出产业的分布来看，德国基本集中在资本密集型和技术密集型产业，而荷兰在目前阶段的净转出产业中包括了两类的劳动密集型产业。同为发达国家，它与德国在净转入产业的类型上的差异主要表现在资源密集型产业上，如石油加工、农业分别列于转入产业的第一位和第四位，这与荷兰资源丰裕、现代精细农业发达有很大关系。其他国家俄罗斯、波兰、土耳其、印度尼西亚以及印度净转入的产业多集中在资源密集型产业上。波兰尤其明显，前五位转入产业中就有四类都属于资源密集型。而净转出的产业在不同国家表现有较大差异，基本各类要素密集型的产业都有囊括。中国在现阶段，无论是净转入产业还是净转出产业，各种要素密集类型的产业都有涉及。制造业是产业转入的主要阵地，服务业中房地产业位于第三位净转入产业。服务业已经成为中国产业净转入的一个重要方向。

表 5—4　沿线代表性国家转入与转出的主要产业

国家	净转出产业	要素密集类型	净转移率	净转入产业	要素密集类型	净转移率
中国	电力蒸汽供应	资源密集	−0.0317	电子光学	技术密集	0.0602
	装备制造	资本密集	−0.0242	交通设备	资本密集	0.0487
	木材加工	资源密集	−0.0167	房地产	资本密集	0.033
	电信	技术密集	−0.0109	食品、烟草	资源密集	0.023
	非金属制品	资本密集	−0.01	基本金属	资本密集	0.0104
德国	电信	技术密集	−0.0516	交通设备	资本密集	0.0679
	建筑业	资本密集	−0.0235	基本金属	资本密集	0.033
	批发和零售贸易	劳动密集	−0.0187	化学制品	技术密集	0.0323
	食品、烟草	资源密集	−0.0149	电子光学	技术密集	0.015
	医药制造业	资本密集	−0.0124	装备制造	资本密集	0.0708

国家	净转出产业	要素密集类型	净转移率	净转入产业	要素密集类型	净转移率
印尼	基本金属	资本密集	−0.0351	建筑业	资本密集	0.0311
	装备制造	资本密集	−0.0219	金融业	资本密集	0.0302
	航空运输	资本密集	−0.0144	食品、烟草	资源密集	0.0274
	水路运输	资本密集	−0.0134	农业	资源密集	0.0228
	采选业	资源密集	−0.0109	石油加工	资源密集	0.0196
印度	电信	技术密集	−0.0399	金融业	资本密集	0.0279
	农业	资源密集	−0.0382	咨询、信息服务	技术密集	0.0207
	石油化工	资源密集	−0.0372	基本金属	资本密集	0.0161
	水路运输	资本密集	−0.0239	采选业	资源密集	0.0138
	航空运输	资本密集	−0.0276	纺织	劳动密集	0.0118
荷兰	建筑业	资本密集	−0.0588	石油加工	资源密集	0.0391
	纺织	劳动密集	−0.0287	化学制品	技术密集	0.0367
	住宿餐饮	劳动密集	−0.0234	装备制造	资本密集	0.0269
	陆路及管道运输	资本密集	−0.0182	农业	资源密集	0.0174
	电子光学	技术密集	−0.0129	基本金属	资本密集	0.0134
波兰	食品、烟草	资源密集	−0.0377	建筑业	资本密集	0.0143
	装备制造	资本密集	−0.033	电力蒸汽供应	资源密集	0.0126
	电信	技术密集	−0.0163	农业	资源密集	0.011
	陆路及管道运输	资本密集	−0.0121	采选业	资源密集	0.0031
	纺织	劳动密集	−0.0045	石油加工	资源密集	0.0029
俄罗斯	装备制造	资本密集	−0.0322	采选业	资源密集	0.0677
	木材加工	资源密集	−0.0281	基本金属	资本密集	0.0415

国家	净转出产业	要素密集类型	净转移率	净转入产业	要素密集类型	净转移率
俄罗斯	咨询、信息服务	技术密集	-0.0242	石油加工	资源密集	0.0361
	水路运输	资本密集	-0.015	电力蒸汽供应	资源密集	0.0114
	纺织	劳动密集	-0.0114	陆路管道运输	资本密集	0.0132
土耳其	非金属制品	资本密集	-0.0288	农业	资源密集	0.0392
	咨询、信息服务	技术密集	-0.0188	纺织	劳动密集	0.0253
	化学制品	技术密集	-0.0171	陆路管道运输	资本密集	0.0196
	木材加工	资源密集	-0.0146	食品、烟草	资源密集	0.0142
	造纸	劳动密集	-0.0111	建筑业	资本密集	0.0122

3. 各国主要转入与转出产业的对象国分析

根据表5-4中8个代表性国家所确认的主要净转出与净转入产业，我们将世界投入产出表中各个国家各个主要产业的SNIF值进行排序，以确认各国净转出产业的前三位承接国和净转入产业的前三位来源国，具体如表5-5所示。观察发现，各国净转入与净转出产业完全不同，但主要的承接国与来源国结构却比较相似。中国的净转出产业主要承接国多为欧美国家、亚洲的日本和韩国，主要来源国除了以上国家外还有印尼和俄罗斯。而德国、荷兰、波兰三国的产业来源国与承接国多集中在欧盟国家内。印度尼西亚受地理位置以及发展程度的影响，主要交流国家集中于中国、日本、韩国三国。印度除了中国、日本、韩国三国外，还涉及美国、法国、德国等欧美国家。俄罗斯和土耳其均地跨欧亚大陆，在亚洲主要的产业往来发生在中国、日本两国，在欧洲主要的产业往来发生在德国、英国和波兰。以上8个国家的产业转移，作为世界第一大经济体的美国基本都有广泛参与。而其他国家，多会受到地理位置、发展程度及历史传统的影响，主要的产业往来还是更多地发生在地理区域相对临近的地方。

表5-5 主要产业来源国与承接国

国家	净转出产业	主要承接国	净转入产业	主要来源国
中国	电力蒸汽供应	美国、日本、韩国	电子光学	日本、韩国、印尼
	装备制造	美国、日本、德国	交通设备	美国、日本、俄罗斯
	木材加工	美国、英国、德国	房地产	美国、日本、韩国
	电信	德国、英国、美国	食品、烟草	美国、日本、俄罗斯
	非金属制品	美国、日本、韩国	基本金属	美国、日本、韩国
德国	电信	英国、瑞士、法国	交通设备	法国、美国、英国
	建筑业	法国、美国、英国	基本金属	法国、英国、意大利
	批发和零售贸易	法国、英国、意大利	化学制品	法国、捷克、英国
	食品、烟草	丹麦、法国、比利时	电子光学	法国、意大利、奥地利
	医药制造业	瑞士、英国、意大利	装备制造	荷兰、比利时、中国
印尼	基本金属	日本、中国、韩国	建筑业	中国、日本、韩国
	装备制造	美国、日本、澳大利亚	金融业	美国、中国、日本
	航空运输	日本、中国、韩国	食品、烟草	日本、中国、韩国
	水路运输	日本、中国、韩国	农业	中国、韩国、印度
	采选业	中国、韩国、印度	石油加工	日本、中国、韩国

续表

国家	净转出产业	主要承接国	净转入产业	主要来源国
印度	电信	比利时、中国、法国	金融业	中国、日本、韩国
	农业	中国、印尼、土耳其	咨询、信息服务	美国、德国、比利时
	石油化工	中国、印尼、韩国	基本金属	中国、韩国、美国
	水路运输	美国、法国、中国	采选业	中国、日本、美国
	航空运输	中国、法国、德国	纺织	中国、法国、美国
荷兰	建筑业	德国、法国、意大利	石油加工	德国、美国、法国
	纺织	德国、法国、西班牙	化学制品	德国、法国、意大利
	住宿餐饮	中国、德国、美国	装备制造	德国、法国、英国
	陆路及管道运输	德国、法国、挪威	农业	德国、法国、意大利
	电子光学	德国、法国、英国	基本金属	德国、法国、意大利
波兰	食品、烟草	德国、捷克、丹麦	建筑业	捷克、丹麦、俄罗斯
	装备制造	丹麦、荷兰、俄罗斯	电力蒸汽供应	捷克、德国、斯洛文尼亚
	电信	德国、瑞士、捷克	农业	德国、荷兰、丹麦
	陆路及管道运输	德国、瑞士、捷克	采选业	捷克、德国、斯洛文尼亚
	纺织	德国、俄罗斯、捷克	石油加工	捷克、德国、瑞典
俄罗斯	装备制造	德国、中国、美国	采选业	中国、日本、波兰
	水处理及供应	中国、日本、德国	基本金属	德国、英国、美国
	咨询、信息服务	英国、中国、日本	石油加工	德国、比利时、法国
	水路运输	英国、中国、日本	电力蒸汽供应	捷克、德国、比利时
	纺织	日本、波兰、中国	陆路管道运输	中国、日本、波兰
土耳其	非金属制品	英国、德国、法国	农业	美国、荷兰、比利时
	咨询、信息服务	中国、德国、美国	纺织	俄罗斯、德国、法国
	化学制品	意大利、德国、中国	陆路管道运输	德国、法国、意大利
	木材加工	德国、法国、俄罗斯	食品、烟草	德国、美国、意大利
	造纸	英国、德国、法国	建筑业	俄罗斯、德国、中国

五、研究小结

国际产业转移是开放经济的产物，表现为产业在不同国家或地区之间的移动。这种移动从未停息，并且在经济的全球化和投资贸易自由化进程中愈演愈烈。当前，在以全球价值链为主导的全球分工与生产模式下，全球产业结构经历着大规模的深刻调整，各国产业分工的格局和发展模式也在发生改变。国与国之间的产业交流越频繁，产业转移的内容也越多地表现为"物质关系"与"价值关系"相结合的形式。本研究通过对世界投入产出表在不同时间段的投入与产出分解，研究"一带一路"沿线 8 个代表性国家在全球产业价值链中的位置与贡献。研究中，我们得到了以下几个主要结论。（1）沿线国家的产业转移呈现规模不断扩大的趋势。8 个代表性国家既有发达国家，又有发展中国家，还包括了沿线一些转型经济体。2000—2014 年，世界范围内需求变化引致的全球产业空间转移总量达到了 98 万亿美元。其中"一带一路"沿线代表性国家产业空间净转移量达到了 32 万亿美元，占据了全球产业净转移量的 32%。（2）沿线国家产业转移呈现多元化趋势。这种多元化不仅仅表现为转入与转出产业部门的多元化，也同时表现为来源国与承接国的多元化。当前的国际产业转移，不仅仅是一个由发达国家向发展中国家转移的单一方向转移，发达国家之间、发展中国家之间的产业转移也正在兴起，尤其是东南亚、西亚地区各国之间的产业往来变得越来越活跃和频繁。这些国家往往身兼产业承接方与产业转移方双重角色，成为现代国际产业转移过程中一个颇具特色的现象。国际产业转移已进入劳动密集型、资源密集型、技术密集型和资本密集型产业转移并存交错的发展阶段。（3）沿线国家产业存在梯度转移与逆梯度转移并存的趋势。通过对主要转移产业来源国与承接国的观察，我们发现大部分发展中国家中不仅存在梯度转移，同时也出现了逆梯度转移的现象。这种现象在高新技术产业部门表现尤其明显。这种逆梯度的产业转移正是发展中国家追求"学习效应"的体现。具体表现为一些发展中国家的某一类型产业在发展初期主要依赖本地资源，当发展到一定程度时，由于受到国内市场及技术瓶颈的挑战，为了争取更多的市场资源和技术资源，该产业将其高端环节转移到相对发达国家和地区。当前中国参与全球价值链分工与"一带一路"建设，应当积极思考如何降低国际产业转移刚性，突破国际产业障碍，通过资源密集型产业的转移活动，突破我国当前"煤多、油少、气少"等资源条件的限制，缓解国内资源压力；通过向有需要的国家转移加工制造能力，解决国内目前存在的部分产业产能过剩问题；通过逆向型的技术投资活动获得产业升级所需的创新资源，促进国内的产业升级转型。

第六章

基于直接投资视角的"一带一路"产业转移效应

一、中国直接投资的背景与现状

"经济带"是经济要素在一定地理区域内不断聚集和扩散而形成的一种特殊的经济空间形态。2013 年 9 月和 10 月,中国国家主席习近平在出访中亚和东南亚国家期间,先后提出共建"丝绸之路经济带"和"21 世纪海上丝绸之路"的发展倡议。2015 年 3 月,在海南博鳌亚洲论坛上,国家发改委、外交部和商务部联合发布了《推动共建丝绸之路经济带和 21 世纪海上丝绸之路的愿景与行动》(国家发展和改革委员会等,2015),这标志着具有战略意义的"一带一路"构想进入了全面推进实施的阶段。作为"一带一路"倡议的有机组成部分,"一带一路"经济带将是一个从贸易投资便利化到产业产能合作区,从产业产能合作区到区域基础设施一体化、区域经济一体化的动态演进过程。我国"十三五"规划纲要提出要深入实施"中国制造 2025",以提高制造业创新能力和基础能力为重点，推进信息技术与制造技术深度融合，促进制造业朝高端、智能、绿色、服务方向发展，培育制造业竞争新优势。"中国制造2025"与"一带一路"倡议的叠加，是我国淘汰能耗大和效率低的产业，提高增长质量和效益，扩展发展空间，形成产业新动能的有益契机。

近年来，随着经济全球化和区域一体化的推进，我国企业全球发展意识不断加强，主动走出国门配置资源和拓展市场，我国的对外直接投资实现了快速发展。图6-1显示了我国近14年来对外投资的发展态势。截至2015年，中国对外直接投资流量为1456.7亿美元，同比增长18.3%，其中：新增股权投资967.1亿美元，占66.4%；当期收益再投资379.1亿美元，占26%；债务工具投资110.5亿美元，占7.6%。截至2015年年底，中国2.02万家境内投资者在国（境）外共设立境外企业3.08万家，分布在全球188个国家（地区），年末境外企业资产总额4.37万亿美元。"十二五"期间，中国对外直接投资流量全球占比保持逐年递增，2011—2015年全球整体占比每年分别为4.8%、6.7%、8.2%、9.3%和9.9%。对外直接投资首次超过同期吸引外资水平，较同年吸引外资高出100.7亿美元，实现直接投资项下资本净输出，中国开始步入资本净输出国行列。

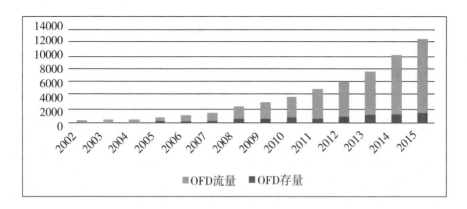

图 6 - 1　2002—2015 年中国对外直接投资流量、存量（单位：亿美元）

数据来源：2015 年中国对外直接投资统计公报。

根据联合国贸易和发展会议的划分，全球对外直接投资分为跨境并购投资和绿地投资。从跨境并购来看，2015 年全球跨境并购流向最大的行业是制造业，中国对外并购投资流向的最大行业也是制造业。《2016 年世界投资报告》显示，2015 年中国跨境并购在发达经济体的并购额占比 67%，同比上升了近 8%。2015 年中国企业对"一带一路"相关国家并购项目 101 起，并购金额 92.3 亿美元，占并购总额的 17%。从图 6 - 2 可以看到，从投资方式上来看，绿地投资一直是中国对外投资的主要方式。2009 年，绿地投资额达到了 1091 亿美元，而跨国并购仅为 234 亿美元；2015 年，绿地投资下降为 594 亿美元，而跨国并购上升到 436 亿美元。绿地投资仍大于跨国并购数额，两者差距不断缩小。跨国并购近年来保持了稳中有升的态势。

图 6 - 2　2009—2015 年中国跨国并购与绿地投资情况（单位：亿美元）
数据来源：2015 年世界投资报告。

面对当前复杂多变的国际国内竞争环境，有越来越多的制造业企业积极迎合"中国制造 2025"部署，利用"一带一路"的建设平台，选择采用跨国并购的方式"走出去"，通过"走出去"促进企业的效率升级与提质增量。那么，我们不免想要探寻：为什么国内企业会越来越偏好于进行跨国并购？进一步地，跨国并购这种方式是否能，以及在多大程度上能促进企业生产效率的提升、企业生产效率的改进？在实施对外并购的企业当中，对投资区位的选择是否会有差异？另外，企业的所有制性质是否会影响企业的并购选择以及生产效率的提升呢？这些正是本研究想要尝试解决的问题。

二、关于直接投资文献回顾

本研究尝试厘清企业跨国并购选择与企业生产效率之间的动态关

系。与本研究相关的研究成果大致包含新兴市场对外投资现象解释、企业进入东道国方式选择以及对外直接投资对企业的影响研究三个主要方面。韦尔斯于 1977 年在题为《发展中国家企业的国际化》一文中提出"小规模技术理论"。新兴市场正是因为具备了小市场需要的劳动密集型小规模生产技术，具有服务于国外同一种族团体需要的优势以及较低的成本优势均促进了新兴市场国家的对外直接投资。韦尔斯的小规模技术理论强调了发展中国家使用"降级技术"产生发达国家成熟产品的行为，但对当前发展中国家对发达国家的直接投资日趋增长以及发展中国家的高新技术企业的对外投资行为缺乏解释力。随后有大量文献从新兴国家国际化扩张的"第一浪潮"（劳尔，1983；勒克劳，1977）、"第二浪潮"（勒克劳，1993；托伦蒂诺，1993）、金融危机与经济衰退（邓宁等，2010；绍凡特等，2009）、政府促进（罗等，2010）、新兴市场与发达国家投资行为比较（波那戈利亚等，2007；巴克莱等，2007）等不同的视角来分析新兴市场的对外直接投资行为，从而进一步丰富充实了对新兴市场国家海外投资的研究。

第二类相关文献是关于企业对外直接投资的道路选择问题。大量的文献讨论了绿地投资与跨国并购的优劣与特点。与绿地投资相比，跨国并购涉及了东道国企业现有资产产权的转移，从长期来看对于目标企业的追加投资可以增加东道国的资产总量（武锐、黄方亮，2010）。对跨国企业来说，可以很快适应当地的管理习惯、文化习俗，加速业务发展（皮建才、李童和陈旭阳，2016；林莎、雷井生和杨航，2014）。实证研究方面，胡麦秀、薛求知（2007）选择从技术与环境差异而形成的创新性壁垒和差异性壁垒的视角，利用一个双寡头模型分析了企业跨越上述两种差异的跨国投资选择。李善民、李昶（2013）通过构建一个三阶段的实物期权模型，分析投资项目建设时间、需求增长漂移率以及需求的不确定性等因素对企业跨国并购进入的影响。

第三类文献是关于企业对外直接投资效率的研究。国内目前有关跨国公司绩效的研究，主要以上市公司为研究对象。杨平丽、曹子瑛（2017）利用中国工业企业数据库相关数据检验了对外直接投资对企业资产利润率的影响，发现中国企业对外直接投资总体上显著降低了企业利润率，无论企业投资于单个或多个国家（或地区）。薛安伟（2017）的研究关注了净资产收益率（ROE）、总资产报酬率（ROA）和投入资本回报（ROIC）三大财务指标，发现不同地区、不同企业性质的企业的对外直接投资的企业产生了异质性影响。毛其淋、许家云（2016）利用中国制造业企业的生产数据，考察了对外直接投资对企业加成率的影响及作用机理。研究发现，对外直接投资显著提高了企业加成率，其中投资高收入国家对企业加成率的提升作用要明显大于投资中低收入国家。

本研究尝试在现有研究的基础上进一步强调三个方面的内容。一是在研究对象设计上强调"跨国并购"。如前所述，我国企业"走出去"的方式主要有绿地投资和跨国并购。近年来，跨国并购无论是数量还是并购金额都快速增长。因此，本研究主要把企业跨国并购行为作为研究的对象。二是在研究内容设计上强调"生产效率"。本研究重点关注企业的跨国并购行为对企业生产效率的影响。生产率的增长是经济长期增长的一个关键组成部分。对企业而言，生产率的增长是企业保持长期竞争力的源泉。企业是否选择进行跨国并购除了会考虑对企业经营绩效的影响外，同时会关注是否会提升企业的生产效率。这对于追求学习效应和逆向技术溢出效应的企业而言尤其重要。三是对效率检验的方法设计上强调"动态与异质"。利用滞后数据从静态到动态时间变化的视角考察跨国并购对企业生产效率的影响。同时，考虑到处于不同地区、不同行业以及出于不同投资目的的企业进行跨国投资活动可能会对企业产生异质性影响，研究中我们将考察行业效应、地区效应以及企业属性效应的差异化影响。

三、研究思路、方法设计与数据描述

（一）研究思路与方法

计量经济学中的"处理效应"，指的是评估某一项目或政策实施后对研究主体产生的影响，此类研究亦被称为"项目效应评估"。赫克曼和市村真一（1997）提出用基于倾向得分匹配的倍差法（PSM – DID）来处理类似工作培训的这种"项目效应评估"。这种绩效的评估采用了一个两阶段的评估方法：首先估计一个主体参与项目的可能性，接着将经典的匹配方法运用于预估的可能值中。本研究将根据赫克曼和市村真一（1997）的方法，将 PSM – DID 法运用于企业跨国并购对企业动态绩效的影响评估中。具体思路如下：

1. 对样本企业进行分组，以确定"实验组"与"对照组"

考虑企业跨国并购对企业绩效的影响，一个最直接的做法就是直接对比实验组与对照组未来绩效状况。值得注意的是，是否选择进行跨国

并购是企业的一种自我选择的结果，由于实验组与对照组的初始条件不相同而会不可避免地存在"选择偏差"。因此，本研究真正感兴趣的问题是，实验组企业的未来绩效是否会比这些企业在进行并购之前的绩效更高。参照鲁宾（1974）的研究提出的"反事实框架"，即设立一个是否参与跨国并购的虚拟变量，表示为 M&A。如果 M&A = 1，表示企业参与了跨国并购，而 M&A = 0，则表示没有参与。同时，设立一个参与时间点的时间虚拟变量 time。如果 time = 1，表示并购之后的时期，而 time = 0，则表示并购之前的时期。

2. 倾向得分匹配

假设企业未来绩效以 EFF 表示，则可以得到：

$$EFF_i = (1 - M\&A_i)\, EFF_{0i} + M\&A_i * EFF_{1t} = EFF_{0i + (EFF_{0i} - EFF_{1i})} M\&A_i$$

$$(6-1)$$

进一步，由于处理效应 $EFF_{0i} - EFF_{1i}$ 是一个随机变量，我们关心其期望值，得到全体样本的 ATE"平均处理效应"以及仅考虑进行跨国并购企业的 ATT"参与者平均处理效应"，得到：

$$E\,(EFF_{1i} \mid M\&A = 1) - E\,(EFF_{0j} \mid M\&A = 0) = E\,(EFF_{1i} \mid M\&A = 1) - E\,(EFF_{0i} \mid M\&A = 0) + E\,(EFF_{0i} \mid M\&A = 1) - E\,(EFF_{0i} \mid M\&A = 0)$$

$$(6-2)$$

其中，$E\,(EFF_{1i} \mid M\&A = 1)$ 为实验组企业 i 的绩效，$E\,(EFF_{0i} \mid M\&A = 1)$ 代表假如实验组企业 i 不进行跨国并购投资时这一"反事实"情况下的企业绩效。由于"反事实"情况下的期望值不可观测，于是利用倾向评分匹配的方法在对照组中寻找企业与实验组企业 i 最为相

似，但是没有进行过跨国并购的企业 j，并用该企业同期效率 $E(EFF_{0i} | M\&A = 0)$ 近似代替企业 i 没有进行跨国投资的效率 $E(EFF_{0i} | M\&A = 1)$。得到：

$$\text{ATT} = E(EFF_{1i} | M\&A = 1) - E(EFF_{0i} | M\&A = 1) = E(EFF_{1i} | M\&A = 1) - E(EFF_{0i} | M\&A = 0) \qquad (6-3)$$

这种做法也体现了匹配估计的基本思想，即假设企业 i 属于实验组，找到对照组的企业 j，使得企业 i 和企业 j 的可测变量值尽可能匹配。

倾向得分匹配的具体步骤如下：

（1）选择协变量 x_i。企业是否进行跨国并购以及企业的生产绩效还会受到一些可观测的特征值的影响，比如企业规模、企业年龄、资本密集度等指标。借鉴杨亚平、吴祝红（2015），乔晶、胡兵（2015）等学者的做法设定变量。

（2）拟合倾向得分。以 LOGIT 回归方法估计倾向得分。该得分表示在控制匹配变量之后企业进行跨国并购的概率。

（3）进行倾向得分匹配与平衡检验。进行倾向得分匹配有多种匹配方法，本研究采用目前使用较为广泛的邻近匹配法进行匹配，并进行匹配的平衡性检验。如果标准差不超过 10%，即诊断为匹配平衡；否则要通过重新计算倾向得分、选择其他匹配方法的方式进行调整，直到检验平衡。

3. 倍差法检验

如前所述，由于企业 i 不进行跨国并购投资时这一"反事实"情况下的企业绩效期望值无法观测，我们在倍差法中可以采用对照组企业的动态绩效来代替跨国并购企业在未进行并购情况下的动态绩效，即用 E （$EFF_{0i} \mid M\&A = 0$）代替。

依照二阶差分模型的基本框架，我们的拟自然实验可以用如下模型表示：

$$EFF_{it} = \beta_0 + \beta_1 \cdot OFDI_i + \beta_3 \cdot time_t + \beta_4 \cdot M\&A_i \cdot time_t + \varphi_i + \gamma_i + \varepsilon_{it}$$

$$(6-4)$$

式（6-4）中，φ_i 和 γ_i 分别代表地区固定效应和行业固定效应，ε_{it} 表示随机扰动项。EFF_{it}、$M\&A_i$、$time_t$ 与前文解释相同。

根据式（6-3）及式（6-4）实验组企业在中国并购前后的绩效为 $\beta_0 + \beta_1$ 和 $\beta_0 + \beta_1 + \beta_2 + \beta_4$。因此，实验组企业并购前后绩效的变化为 E （$EFF_{1i} \mid M\&A = 1$）$= \beta_3 + \beta_4$。同样地，对照组企业在跨国并购前后的绩效分别为 β_0 和 $\beta_0 + \beta_2$。因此，对照组企业绩效的变化为 E （$EFF_{1i} \mid M\&A = 1$）$= \beta_2$。由此可知，式（6-4）中 $M\&A_i \cdot time_t$ 的交互项 β_4 的值即为我们关注的 ATT 值。如果 $\beta_4 > 0$ 表示跨国并购前后实验组企业的绩效增加大于对照组企业。

进一步地，企业的绩效不仅与企业是否进行跨国并购有关，同时还与企业的特征变量以及其他影响企业并购行为的控制变量有关。因此，式（6-4）可以进一步地写为：

$$EFF_{it} = \beta_0 + \beta_1 \cdot M\&A_i + \beta_3 \cdot time_t + \beta_4 \cdot M\&A_i \cdot time_t + \sum \theta_i \cdot X_i + \varphi_i + \gamma_i + \varepsilon_{it}$$

$$(6-5)$$

其中，X_i 表示影响企业跨国并购的控制变量，θ_i 表示变量系数。双重差分估计的一个显著的优点就在于它可以对诸如实验组与对照组来自不同地区、不同行业或者是具有不同的企业属性等不可观测的组间差异进行控制。

(二) 数据来源及统计性描述

1. 数据来源

本研究选取 2010—2015 年中国 A 股制造业上市公司跨国并购事件为研究对象。上市公司一般规模较大，属于行业中比较领先的企业。在资金、技术、管理等多方面都有优势，具备对外直接投资的实力，跨国并购的比例也比较高。2010—2015 年不仅是我国实施第十二个五年计划的战略期间，也是我国"一带一路"倡议的承前启后的重要时期。以这一期间为研究时间对象，可以较好地检验"一带一路"倡议在推动中国企业"走出去"从而达到扩大市场、提高竞争力、提质增效的实施效果。上市公司跨国并购的信息来自 Thomson One 数据库，并将相关数据资料与 BVD – Zephyr 并购数据库、WIND、同花顺数据库进行核对整理，以确保数据的准确性和完整性。之后，我们再对相关样本进行第二次筛选，剔除了目标国家为开曼群岛和英属维京群岛的并购案例；去除重复的跨国并购案例；同时，还剔除并购交易金额低于 100 万美元的交易数据。根据以上条件，最终本研究获得 113 个跨国并购事件。从并购完成的时间来看，2011—2015 年，分别有 12 家、23 家、24 家、22家、32 家企业。2015 年从事海外并购的企业数量有大幅增加。从并购企业的所有权分布来看，有 33 家企业是国有企业，有 5 家是外资企业，其余则均为民营企业。从并购企业所属区域来看，62% 属于东部，19%属于中部地区，西部地区及东北部地区共占 19% 。对照组企业数据来源于 Wind 数据库所有 A 股制造业上市公司，本研究在筛选对照组企业样本时，有下面两个方面的标准：一是在 2010—2015 年间未进行并购活动，二是企业各年度各项数据没有缺省值。根据以上条件，最终获得 1321 个对照组企业。以上所有并购公司以及对照组企业的相关财务指标和特征数据均从 Wind 数据库中获得。本研究的数据处理和分析运用 Stata13、DEAP2. 1 及 Excel 软件。

2. 变量的设定

本部分研究以代表生产绩效的全要素生产率为被解释变量，解释变量分为企业特征变量与控制变量两大类，其中企业特征变量包括企业规模、企业年龄、资本密集度、企业利润、企业属性等；其他控制变量包括地区虚拟变量以及两倍数的行业虚拟变量来控制企业因所处地区不同以及所处行业不同而可能存在的差异。

（1）企业生产绩效（TFP）。我们以企业的全要素生产率来表征企业生产绩效。有关企业全要素生产率的测算和研究，国内学者多数运用 Malmquist 指数法测算全要素生产率变动及其技术效率与技术进步分解（王恕立等，2015；盛明泉等，2019）。本研究采用 DEA - Malmquist 指数法考察文化服务业企业的全要素生产率变动情况。与随机前沿等其他方法相比，该方法在生产函数设定、数据质量要求、结果分解等方面具有明显优势（王恕立、胡宗彪，2012）。根据托尼（2001），福山和韦伯（2009）提出的 SBM 方向距离函数，测算 t 期和 $t+1$ 期之间的 Malmquist - Luenberger 指数。这种方法不仅将负产出纳入全要素生产率分析框架，而且兼顾了非期望产出减少与期望产出增加的绿色发展诉求，还可以动态反映实际绿色产出水平与前沿面水平比较从而得到绿色全要素生产率的相对变动程度（路小静，2019）。

（2）企业规模。企业规模决定了企业能够控制的资产规模和员工规模，也必然会对企业的并购决策产生实质性影响，因此在研究企业的并购行为时必须对企业规模进行控制。然而，对于企业规模对并购绩效的影响学术界并没有统一认识。一方面，规模大的企业由于资金雄厚，经营实力强，很容易在市场上"大鱼吃小鱼"；另一方面，一些处于朝阳行业、发展潜力好且占据核心资源的小企业也有"初生牛犊不怕虎"的魄力。我们采用公司员工总数的对数值来衡量企业规模的大小。

（3）企业成立时长。本研究采用企业实际成立年份的自然对数作为代理变量。根据熊彼特的创新理论，企业成立时间越长，则表明企业所属行业发展越充分，而这意味着企业会积累更多的资源，因此企业会拥有相对较强的发展实力（胡雪峰、吴晓明，2015）。

（4）资本密集度。企业要素结构变动主要是指制造业服务化过程中增加的服务业务所引起的企业劳动、资本和技术等要素投入的变化。要素结构的变动反映了企业价值链的调整方向（葛顺奇、罗伟，2015）。不同要素结构可以反映制造业服务化是力争价值链的高端，选择资本密集型的服务业务，还是继续停留在低附加值环节，选择劳动密集型的服务业务。我们主要考虑资本要素的规模和结构，用固定资产净值年平均余额/年均就业人数的对数值表示资本密集度。

（5）企业盈利能力。在企业盈利衡量的指标中，企业主营业务利润率和企业的净资产收益率都是现有文献中常用的衡量指标。由于净资产收益率被调整的空间很大，因此，主营业务利润率是较可靠的度量企业盈利能力的指标（方明月，2011）。这里，用主营业务利润除以营业总收入的比值表示主营业务利润率；用净利润除以平均股东权益的比值表示净资产收益率。

（6）企业属性。为虚拟变量。一般而言，国有企业的规模均会大于民营企业，且具有更多的人才和资金来进行并购，且在规模经济、风险分担和融资等方面均具有比较优势，但另一方面也存在以下可能性，即国有企业的管理机制使其无法按照市场化行为进行并购，反而灵活性弱于民营企业。Wind 数据库将企业属性划分为民营企业、地方国有企业、中央国有企业、外资企业、集体企业、公众企业共六大类。设置虚拟变量，表明企业是不是民营企业，是取值为 1，否则为 0。

（7）行业属性。为虚拟变量。不同的行业具有不同的竞争程度、不同的产品模式和不同的技术升级换代速度，资产规模和企业价值均具有显著差异。将所有企业划分为计算机、通信和电子设备制造业、电气机械及器材制造业、医药制造业、专用设备制造业以及其他行业五大类。以计算机、通信和电子设备制造业为基准对该变量进行赋值，赋值为 1，其他为 0。

（8）所属地区。为虚拟变量。将所在企业划分为东部、中部、西部、东北部四大区域。以东部作为基准对该变量进行赋值。即东部区域为 1，其他为 0。

变量含义及度量方法见表 6-1。

表6-1　相关变量及含义

变量类型	变量标识	变量名称	度量方法
被解释变量	TFP	全要素生产率	用 DEA – Malquist 指数法计算
解释变量	scale	企业规模	以从业人员数的对数形式衡量
	age	企业年龄	用当年年份与企业开业年份之差取对数衡量
	capiden	资本密集度	用固定资产净值年平均余额/年均就业人数的对数值表示
	profit	企业利润	用利润除以营业总收入的比值表示
	roe	净资产收益率	用净利润除以平均股东权益的比值表示
	priv	企业属性虚拟变量	Wind 数据库将企业属性划分为民营企业、地方国有企业、中央国有企业、外资企业、集体企业、公众企业共六大类。设置虚拟变量，表明企业是不是民营企业，是取值为1，否则为0
	regio	地区虚拟变量	将所在企业划分为东部、中部、西部、东北部四大区域。以东部作为基准对该变量进行赋值。即东部区域为1，其他为0
	indus	行业虚拟变量	将所有企业划分为计算机、通信和电子设备制造业、电气机械及器材制造业、医药制造业、专用设备制造业以及其他行业五大类。以计算机、通信和电子设备制造业作为基准对该变量进行赋值，赋值为1，其他为0

　　作为被解释变量的全要素生产率（TFP），是"生产活动在一定时间内的效率"的体现。它主要衡量的是总产出与总投入量之间的比值关系，是产出增加中除去劳动和资本后剩下的技术进步和能力实现

部分。

表 6 - 2   全要素生产率计算的投入产出指标体系

指标类型	具体指标	指标单位
投入要素	主营业务成本	百万元
	年末固定资产净值	百万元
	年末在职员工人数	人
产出要素	主营业务收入	百万元

因此，也通常被认为是衡量生产技术进步的指标。丁伯根（1942）基于 Cobb – Douglas 生产函数确立了一个用来表示生产率发展水平的时间趋势变量，索洛在 1952 年首次提出利用索洛余值法度量全要素生产率。之后，关于全要素生产率的研究广泛开展起来。主要的研究方法包括利用动态面板数据进行估计，OP 模型、LP 模型、随机前沿、数据包络分析以及近似全要素生产率法等一系列方法。本研究借鉴陈一博、宛晶（2012），李姝（2016）等人的研究方法，根据如下投入产出关系（见表 6 – 2），利用 DEA – Malmquist 指数法对上市公司的全要素生产率进行估计。

（三）统计性描述

表 6 – 3 提供了一个全部企业、实验组企业以及对照组企业相关变量的简要统计。总体来看，三组分类中各变量的统计指标值相差不大。细化各具体指标的均值来看，实验组的全要素生产率（TFP）、净资产

表6-3 各变量的统计性描述

Variable	全部企业				实验组企业				对照组企业			
	平均值	标准差	最小值	最大值	平均值	标准差	最小值	最大值	平均值	标准差	最小值	最大值
全要素生产率	0.824	0.037	0.71	1	0.827	0.038	0.741	0.979	0.824	0.037	0.71	1
净资产收益率	0.081	0.378	-31.1	1.6	0.108	0.136	-0.66	1.6	0.079	0.392	-31.1	1.451
企业利润	0.07	0.398	-26.5	5.809	0.104	0.121	-1	0.607	0.067	0.413	-26.5	5.809
资本密集度	44.02	88.08	0.012	3856	37.06	33.9	1.282	312.6	44.61	91.21	0.012	3856
企业规模	7.636	1.163	3.178	12.19	7.863	1.334	4.927	11.59	7.616	1.146	3.178	12.19
企业年龄	14.96	4.909	-0.02	36.94	14.28	5.056	1.899	34.99	15.02	4.892	-0.02	36.94
地区虚拟变量	0.646	0.478	0	1	0.646	0.479	0	1	0.646	0.478	0	1
企业虚拟变量	0.181	0.385	0	1	0.15	0.358	0	1	0.184	0.387	0	1
行业虚拟变量	0.144	0.351	0	1	0.239	0.427	0	1	0.136	0.343	0	1

收益率（roe）、企业利润（profit）、企业规模（scale）等指标值略高于其他两种，而资本密集度（capiden）、企业年龄（age）则稍低。从地区分布来看，三类企业没有差异；从企业属性来看，实验组中属于地方国有企业的数量相对较少，而从行业分布来看均值明显高于其他两类。

四、实证检验及结果分析

（一）匹配及匹配质量检验

根据 PSM 方法的基本思路，本研究选择邻近匹配法进行匹配，表 6-4为对全要素生产率的匹配结果。由表 6-4 可知，平均处理效应为 0.069，对应的 T 值为 3.41，通过显著性检验。匹配结果显示，在总共的 8604 个观察值中，对照组共有 56 个观察值不在共同取值范围内，而实验组则全部处于共同取值范围内。两种中符合匹配结果的共有 8548 个观察值。接下来对以上结果进行匹配平衡检验，发现匹配后大多数变量的标准化偏差小于 10%，且对比匹配前，大多数变量的标准化偏差均有不同程度的缩小，通过了匹配平衡检验。同时，为保证匹配方法选择的可靠性，实践中还尝试用卡尺匹配与核匹配进行检验。其他两种方法的匹配结果与邻近匹配结果接近，进一步印证了匹配方法的选择是合适的。

表6-4 平均处理效应检验

变量	样本	处理组	控制组	差异	标准差	T值
TFP	Unmatched	0.8268	0.8237	0.0318	0.0014	2.17
	ATT	0.8268	0.8199	0.0692	0.0020	3.41
	ATU	0.8236	0.8316	0.0802		
	ATE			0.0793		

（二）基于倍差法的双重稳健分析

1. 全部样本的初始检验

中国A股制造业上市企业跨国并购对企业的生产效率的影响如表6-5所示。模型（1）均为基准检验，只对并购（M&A）、时间（time）以及两者的交乘项进行估计，未添加任何控制变量。模型（2）在模型（1）的基础上，增加了企业规模、企业年龄、资本密集度、企业利润水平等控制变量，而模型（3）~（5）在模型（2）的基础上增加了行业效应、地区效应、年份效应。回归结果中，变量M&A Time是处理（treat）和时间（time）的交互项，代表了跨国并购的全要素生产率效应。表6-5中五个模型中，除了模型（2）以外，其他都在10%的水平上显著，说明我国的A股制造业上市公司进行跨国并购，确实能提高企业的全要素生产率。估计结果中，净资产收益率、企业盈利水平、是不是民营企业、资本密集度以及企业规模均对企业全要素生产率产生了正向的影响。依次控制行业效应、年份效应和地区效应，对结果影响不大。只有在模型（4）和模型（5）中，企业年龄的系数为负，产生了负向影响，但是 T 值并不显著。从估计系数上来看，以企业就业人数表示的企业规模相对于企业的资本密集度影响程度比较小，这也在一定程度上说明资本的跨区域流动会比劳动力流动更具灵活性，受到的地域、行业以及技术环境的影响相对较小。因此，资本密集度对于企业全要素生产效率的提高影响更显著。

表 6 - 5　全部样本的初始检验

	模型 (1)	模型 (2)	模型 (3)	模型 (4)	模型 (5)
	TFP	TFP	TFP	TFP	TFP
M&A	0.0124	0.0387	0.0278	0.0231	0.0235
	(0.86)	(1.25)	(0.9)	(0.91)	(0.93)
time	0.0163***	0.0190***	0.0189***	0.0326***	0.0324***
	-14.94	(19.36)	(19.39)	(31.26)	(31.21)
M&A Time	0.0233*	0.0353	0.0339*	0.0358*	0.0346*
	(1.76)	(1.04)	(1.83)	(1.69)	(1.79)
roc		0.0771**	0.0729***	0.0942**	0.0925***
		(2.42)	(3.03)	(2.46)	(4.36)
profit		0.1570**	0.1420***	0.1278***	0.1073**
		(2.02)	(3.28)	(3.12)	(2.07)
capiden		0.1161***	0.1553***	0.1417***	0.1481***
		(2.98)	(3.99)	(4.41)	(4.63)
scale		0.0923*	0.0874	0.0839*	0.1002*
		(1.89)	(1.49)	(1.81)	(1.69)
priv		0.0361**	0.0543***	0.0491***	0.0427***
		(2.18)	(3.29)	(3.41)	(3.63)

	模型（1）	模型（2）	模型（3）	模型（4）	模型（5）
	TFP	TFP	TFP	TFP	TFP
		（-48.36）	（-46.89）	（-59.31）	（-58.70）
age		0.2707*	0.13684**	-0.2119	-0.1508
		（1.75）	（2.07）	（-1.33）	（-1.26）
cons	8.1019***	9.0612***	9.0645***	9.2018***	7.9151***
	（4.93）	（10.53）	（7.22）	（4.65）	（7.93）
控制行业	no	no	yes	yes	yes
控制年份	no	no	no	yes	yes
控制地区	no	no	no	no	yes
N	8548	8548	8548	8548	8548

注：t statistics in parentheses；

*，p < 0.10；**，p < 0.05；***，p < 0.01。

2. 滞后效应检验

正如前面所论证的，企业的跨国并购对生产效率的提升会产生正面影响。然而，这种影响的成效并不一定会马上显现，跨国并购对生产效率的提升往往会存在滞后效应。基于这样的考虑，本研究做了时间滞后效应检验以观测时间变化的动态影响。为实现这一目的，将模型公式（5）扩展为：

$$EFF_{it} = \beta_0 + \beta_1 \cdot OFDI_i + \beta_3 \cdot time_t + \sum_{t=0}^{4} \beta_4 \cdot M\&A_i \cdot time_t \cdot$$
$$dum\_tYear + \sum \theta_t \cdot X_i + \varphi_i + \gamma_i + \varepsilon_{it} \tag{6}$$

其中，dum_ tYear 为企业跨国并购的年份虚拟变量，当企业处于跨国并购对外直接投资的第 t 期时，取值为 1，否则为 0。由于本研究中实验组企业均从 2011 年开始进行识别，因此动态效应检验的滞后期为 4 期，估计结果见表 6 - 6。

表 6 - 6　跨国并购的动态效应检验

	模型（1）	模型（2）	模型（3）	模型（4）
	TFP	TFP	TFP	TFP
M&A	0.0160***	0.0139***	0.0140***	0.0139***
	(6.54)	(6.51)	(6.44)	(6.38)
time	0.0146***	0.0175***	0.0175***	0.0174***
	(13.88)	(18.46)	(18.45)	(18.39)
Mdum_ 0Year	0.0053***	0.0067***	0.0037***	0.0034***
	(6.07)	(7.35)	(7.35)	(7.36)
Mdum_ 1Year	0.0189***	0.0209***	0.0209***	0.0208***
	(4.53)	(5.74)	(5.74)	(5.74)
Mdum_ 2Year	0.0431***	0.0452***	0.0452***	0.0451***
	(10.35)	(12.41)	(12.41)	(12.42)
Mdum_ 3Year	0.0277***	0.0315***	0.0314***	0.0313***
	(6.64)	(8.63)	(8.63)	(8.62)
Mdum_ 4Year	0.0307***	0.0329***	0.0376***	0.0336***
	(3.24)	(4.03)	(4.35)	(4.52)
_ cons	8.1211***	9.3208***	9.4214***	9.3601***
	(9.13)	(5.55)	(3.51)	(6.36)
控制变量	no	yes	yes	yes
控制行业	no	no	yes	yes
控制地区	no	no	no	yes
N	8548	8548	8548	8548

从包括了当期的共五期时间效应来看，研究过程中分别控制行业、控制地区并加入相关控制变量。模型（1）至模型（4）各时间效应均显著，说明我国的 A 股制造业上市公司对外并购对全要素生产率的提升效应能在比较短的时间区间内显现出来，这也能在一定程度上解释为什么近年来我国会有越来越多的企业通过跨国并购的方式"走出去"。从不同年度的回归系数来看，滞后 2 期回归系数相对于当期与滞后 1 期有显著提高，是全部五个时期中最高的。说明跨国并购对生产效率的提高效应在并购后的第三年效果最为明显，第四年及第五年虽略有下降，但基本保持稳定。对此可能的解释是，企业进行跨国并购需要一定的时间融入东道国风俗习惯，适应东道国法律环境以及政治环境。同时，那些出于追求学习效应的企业也同样会经历一个"技术学习—消化理解—技术内化"的过程。因此，对企业创新能力以及生产效率的提升效果需要一个时间周期。

3. 企业异质性效应的检验

我们还认为企业的跨国并购行为是否有助于提高生产效率，还会受到企业的所有制性质、东道国发达程度、企业所处的行业以及企业所处地区的影响。基于研究篇幅限制的考虑，本研究中通过控制行业和地区对不同企业的所有制性质，不同东道国发达程度的企业进行企业异质性效应的检验。回归中 Mdum_ 1att ~ Mdum_ 5att 分别代表是否属于地方国有企业、中央国有企业、民营企业、外资企业、集体企业的虚拟变量。Mdum_ 1de 代表东道国家是否属于发达国家的虚拟变量。

表6-7　跨国并购的企业异质性效应检验

	按企业属性划分		按东道国发达程度划分	
	模型（1）	模型（2）	模型（3）	模型（4）
treat	-0.0018	0.0081***	0.0101	-0.0098
	（-0.71）	（3.53）	（0.40）	（-0.34）
time	0.0160***	0.0193***	0.0186***	0.0161***
	（15.01）	（20.20）	（19.41）	（14.99）
Mdum_ 1att	0.0143*	0.0518**		
	（1.82）	（2.10）		
Mdum_ 2att	0.0897**	0.0417*		
	（2.80）	（1.81）		
Mdum_ 3att	0.1003	0.0861**		
	（1.41）	（2.13）		
Mdum_ 4att	0.0139	-0.0139***		
（1.12）		（-46.36）		
	0.0127*	-0.0139***		
（2.07）		（-46.36）		
		-0.0139***		
（-46.36）				
		-0.0139***		
		（-46.36）		
Mdum_ 5att	0.0168	-0.0042		
	（0.74）	（-0.50）		
Mdum_ 2de			0.0927***	0.1062***
			（2.82）	（3.17）
_ cons	7.1210***	8.9012***	7.1132***	6.2156***
	（10.87）	（5.11）	（3.91）	（6.45）

续表

	按企业属性划分		按东道国发达程度划分	
控制变量	no	yes	no	yes
控制行业	no	yes	no	yes
控制地区	no	yes	no	yes
N	8548	8548	8548	8548

注：t statistics in parentheses；

*, $p < 0.10$; **, $p < 0.05$; ***, $p < 0.01$。

从回归结果可以看出，企业生产效率的提高在多大程度上受到企业投资行为的影响，会呈现出企业所有制性质上的差异。当未对行业和地区进行控制以及未增加其他控制变量时，只有地方国有企业和中央国有企业显著。当加入各类控制变量后，前四类企业显著，并呈现正向影响，而集体企业却呈现反向影响。从影响程度上看，民营企业的影响会明显高于其他类型的企业。实验组样本企业中有近70%的企业为民营企业，这在一定程度上说明民营企业正积极地参与全球的第五次并购浪潮中，并成为其中的一个重要主体。而回归结果也显示，民营企业参与跨国并购确实可以实现生产效率的提升，这也与民营企业机制体制更加灵活、创新意识较强、追求技术溢出以及注重企业经营的交易费用的特质有关。而集体企业参与跨国并购的意愿并不强。从东道国发达程度上看，上市公司更加偏好于投资发达国家。这一回归结果也印证了为什么实验组企业中计算机、通信和电子设备制造业企业所占企业总体比重较高。这些类型的企业比传统的制造业企业更重视新产品开发与技术创新，具有较强的技术寻求特征。因此这些企业也会更多地选择发达国家进行投资，尽可能地利用东道国的技术资源与研发环境，通过逆向溢出效应反馈于母公司。

五、研究小结

中国企业的国际化，是中国由经济大国发展为经济强国的核心环节之一。在以建设自由贸易区和"一带一路"倡议构想为标志的新一轮开放背景下，中国企业通过对外投资积极寻求国外市场、自然资源与技术环境，以期实现企业竞争力的提升。本研究的研究目的在于评估跨国并购对企业动态生产效率的影响。一般一个自然的做法是直接对比实验组与对照组的生产效率的高低或者考察实验组的生产效率是否比未进行跨国并购时更高。然而两组企业可能存在初始条件的差异，同时也不可能观察到实验组的"反事实"。鉴于此，本研究利用"倾向评分匹配"与"倍差法"相结合的估计方法，实证检验我国 A 股制造业上市公司"走出去"进行跨国并购的动态生产率效应。

本研究得到的主要结论及政策启示如下。第一，企业以跨国并购的方式"走出去"会显著提高企业的全要素生产率。中国企业以产业国际转移的方式"走出去"会在一定程度上消化和缓解国内日益严重的产能过剩问题。同时，以研发平台为目标的"走出去"在当前成为常态，这将有助于进一步构筑中国的全球生产网络和全球供应链。借助"一带一路"的建设平台，需要有更细化的"政策红利"的释放。这种"政策红利"需要进一步覆盖包括发展定位、产业选择、区位抉择、合作方式等方面。第二，从企业异质性角度观察，民营企业生产效率的提升效应会相对高于其他类型的企业，集体企业对外投资的意愿则不强。然而民营上市公司同时也会更多地面临审批程序较烦琐、境外并购贷款安排困难、对外投资存在法律障碍等现实难题。从企业层面看，由于跨国并购往往涉及庞大的资金投入，为了顺利完成并购活动，并购企业一定要制订严密的并购交易方案，立足于企业自身状况，选择对自身最为有利的融资方式，充分考虑并购行为对未来生产经营的影响，防范可能发生的资金链断裂。政府层面除了简化程序，提供一揽子税收优惠外，还应当给予"走出去"的企业在境外法律咨询、人员培训、企业融资等方面的服务，促进服务平台建设从供应链角度延伸到服务业。同时，出于对逆向技术溢出效应的追求，实验组的企业更愿意投资于发达国家。第三，上市公司投资目的地更多地选择发达国家，体现了国内企业对于提升技术水平与创新能力的渴求。为此，也需要加快制定和出台对重点行业和重点领域的支持政策，对不同类型的东道国采取不同的投资策略与方向。包括对高新技术产业鼓励企业在海外设立研发机构，利用全球智力资源，加强新一代技术的研发；在市场需求大、资源条件好的国家，加强资源开发和产业投资；在劳动力资源丰富、生产成本低、靠近目标市场的国家投资建设劳动密集型项目，带动相关行业出口等。

第七章

研究结论与政策建议

一、研究结论

中国当前面临着"价值链低端锁定"的困境，亟待提升自身在全球价值链中的地位，实现产业升级。"一带一路"倡议对于促进区域经济和贸易一体化、革新全球经济治理体系有着重要的意义，同时也为中国进行产业升级提供了很好的机遇。本研究采用定量与定性相结合、理论与实证相结合以及空间分析等研究方法，在详细分析中国与"一带一路"国家产业建设与转移近况以及沿线经济社会环境的基础上，逐步筛选出适宜中国面向沿线转移的产业和国家，进一步探讨了中国的产业国际转移将带来的效应。主要的研究结论如下。

一是"一带一路"倡议是各方秉持共商、共建、共享原则，携手应对世界经济面临的挑战，开创发展新机遇，谋求发展新动力，拓展发展新空间，实现优势互补、互利共赢的战略合作框架。面对时代命题，通过这个国际合作新平台，增添共同发展新动力，把"一带一路"建设成和平之路、繁荣之路、开放之路、绿色之路、创新之路与文明之路。在经济全球化进程中，发达国家和新兴工业化国家都在以全球化战略为基础和出发点，加速进行面向 21 世纪的产业结构调整和产业转移。从产业转移的动力机制看，全球产业链分工形成的产业级差是产业转移的基础，基于核心—边缘的生产要素流动是产业转移的物质前提，而沿线国家由于地缘政治经济关系而形成的区域经济集团是产业转移的必要条件。

二是从沿线国家产业转移的现状观察，国际分工和沿线国家经济发展阶段存在多个梯度，国际产业转移是从高梯度顺次向低梯度转移的过程。部分国家呈现以国内产业转移为主，国际产业转移尚未形成规模效应的特征；部分国家则以产业的净转入或净转出为主；还有部分发达经济体则是产业的国内与国际、转入与转出多种形式相结合的特征。国际产业转移可以说是开放经济的产物，它表现为产业在不同国家或地区之间的移动。这种移动从未停息，并且在经济的全球化和投资贸易自由化进程中愈演愈烈。当前，在以全球价值链为主导的全球分工与生产模式下，全球产业结构经历着大规模的深刻调整，各国产业分工的格局和发展模式也在发生改变。国与国之间的产业交流越频繁，产业转移的内容也越多地表现为"物质关系"与"价值关系"相结合的形式。本研究通过对世界投入产出表在不同时间段的投入与产出分解，研究"一带一路"沿线 8 个代表性国家在全球产业价值链中的位置与贡献。

三是从依据世界投入产出表测算的国际产业转移结果中，我们得到了以下几个主要结论。（1）沿线国家的产业转移呈现规模不断扩大的趋势。8 个代表性国家既有发达国家，又有发展中国家，还包括了沿线一些转型经济体。2000—2014 年，世界范围内需求变化引致的全球产业空间转移总量达到了 98 万亿美元。其中"一带一路"沿线代表性国家产业空间净转移量达到了 32 万亿美元，占据了全球产业净转移量的 32%。（2）沿线国家产业转移呈现多元化趋势。这种多元化不仅仅表现为转入与转出产业部门的多元化，也同时表现为来源国与承接国的多元化。当前的国际产业转移，不仅仅是一个由发达国家向发展中国家转移的单一方向转移，发达国家之间、发展中国家之间的产业转移也正在兴起，尤其是东南亚、西亚地区各国之间的产业往来变得越来越活跃和频繁。这些国家往往身兼产业承接方与产业转移方双重角色，成为现代国际产业转移过程中一个颇具特色的现象。国际产业转移已进入劳动密集型、资源密集型、技术密集型和资本密集型产业转移并存交错的发展阶段。（3）沿线国家产业存在梯度转移与逆梯度转移并存的趋势。通过对主要转移产业来源国与承接国的观察，我们发现在大部分发展中国家中不仅存在梯度转移，同时也出现了逆梯度转移的现象。这种现象在高新技术产业部门表现尤其明显。这种逆梯度的产业转移正是发展中国家追求"学习效应"的体现。具体表现为一些发展中国家的某一类型产业在发展初期主要依赖本地资源，当发展到一定程度时，由于受到国内市场及技术瓶颈的挑战，为了争取更多的市场资源和技术资源，该产业将其高端环节转移到相对发达国家和地区。当前中国参与全球价值链分工与"一带一路"建设，应当积极思考如何降低国际产业转移刚性，突破国际产业障碍，通过资源密集型产业的转移活动，突破我国当前"煤多、油少、气少"等资源条件的限制，缓解国内资源压力；通过向有需要的国家外转移加工制造能力，解决国内目前存在的部分产业产能过剩问题；通过逆向型的技术投资活动获得产业升级所需的创新资源，促进国内的产业升级转型。

四是在"一带一路"和平合作、开放包容、互学互鉴、互利共赢的理念下，"走出去"与"引进来"的产业转移是沿线各国提高资源利用效率，实现经济结构的调整以及产业结构升级实现的重要举措。具体从经济学角度看，产业转移的实质是资源（生产要素）的重新配置，为此，产业转移的效果评价标准，应该要看相关地区（产业转移地和承接地）的经济福利是否得到改善。从宏观视角的产业结构优化以及微观视角的企业主体行为两个维度进行"一带一路"倡议中产业转移价值的绩效评价，由此评判产业转移政策的适用性。从微观企业 OFDI 直接投资绩效的视角，探讨产业转移的福利效应，得到的主要结论如下。（1）企业以跨国并购的方式"走出去"会显著提高企业的全要素生产率。中国企业以产业国际转移的方式"走出去"会在一定程度上消化和缓解国内日益严重的产能过剩问题。同时，以研发平台为目标的"走出去"在当前成为常态，这将有助于进一步构筑中国的全球生产网络和全球供应链。（2）从企业质异性角度观察，民营企业生产效率的提升效应会相对高于其他类型的企业，集体企业对外投资的意愿则不强。同时，出于对逆向技术溢出效应的追求，实验组的企业更愿意投资于发达国家。（3）上市公司投资目的地更多地选择发达国家，体现了国内企业对于提升技术水平与创新能力的渴求。为此，也需要加快制定和出台对重点行业和重点领域的支持政策，对不同类型的东道国采取不同的投资策略与方向。

五是世界经济形势变化给我们带来挑战的同时，我们也面临着前所未有的发展机遇。在我们抓住机遇让中国企业"走出去"的时候，我们更应当重视从"走出去"中所获得的经济社会效应。在投资区域、产业、主体等方面进行更多的引导，以充分利用外部市场和资源来推动我国产业结构的优化升级。

二、基于"一带一路"的产业转移的政策建议

2013 年中国提出建设"丝绸之路经济带"和"21 世纪海上丝绸之路"（简称"一带一路"）倡议以来，外商直接投资存量高达 6 万亿美元，对外直接投资存量超过 3 万亿美元，中国与沿线各国签订超过 50 个国际合作协定，涵盖了全球主要的 6 大国际经济区。连接中国至欧洲的"一带一路"倡议也调动了越来越多的金融资源，四年来投资动能增长迅速。在"一带一路"的倡议下，中国致力于发展与沿线国家的经贸往来与产业合作，本书的研究正是基于这一目标展开的。研究结论对于正确理解中国与"一带一路"沿线国家产业转移，促进全球价值链的提升，正确认识沿线国家之间对外直接投资、贸易便利化与产业合作的关系，以及如何利用这种关系来发展双边经贸关系，具有较强的政策指导意义。本文主要从以下几个方面提出政策建议。

（一）政府宏观层面

1. 加强宏观调控与规划，促进产业合理有序转出

面向"一带一路"沿线的产业转移是国际合作，中国主动与各国高层对接是确保产业转移互利共赢的关键，政府和市场通力合作，在政

策和制度方面达成一致，创造出面向沿线产业转移的良好环境，才能促进中国企业合理有序转出。"一带一路"倡议将为中国产业对外转移带来大量机遇，促进产业合理有序转出，既要保障转出对国内资本和空间腾出的有效性，避免产业"空心化"的出现，也要让转出产业在沿线国家"落地生根"，避免"一拥而入"的同质竞争。因此，我国相关政府部门应统一思想认识，纠正"一带一路"倡议是导致地方产业空心化、税收流失、就业水平下降，给地方经济发展带来负面影响的片面认识。部分政府职能部门也要转变原有的"重引资，轻投资""重商品出口，轻资本输出"的观念，切实做好各项配套措施的"落地"工作，积极扶持企业"走出去"参与全球竞争。中国应该依照当前经济发展的方向，宏观调控产业转出的类型和标准，推动国外产业园区和配套设施的建设，有序控制产业转出的速度和效率，主动规划产业转出国别及区域，优化产业在整个区域内的空间布局。对于"一带一路"倡议下跨境经济合作区的建设，各国高层领导人需要建立决策团队，一方面确认中国转出的产业类型和标准，另一方面需要与各国的国情相匹配，做到因地制宜，通过国际产业转移，同时带动本国经济和沿线各国经济发展，营造互利共赢的局面。

2. 加大金融支持力度，积极建立对外直接投资的促进体系

首先，加强金融风险监管，保持外汇市场稳定的同时加快推进人民币汇率市场化改革进程。适当降低企业进行境外投资的准入口槛，扩大企业对外经营的自主权。加大财政补贴优惠力度，降低企业融资成本。与此同时，在增强政府财政补贴针对性和有效性的基础上，兼顾操作简便性。其次，要加强区域多元化金融机构建设，继续强化银行机构对区

域对外直接投资发展的关键作用。目前，我国跨国经营企业主要仍采用通过银行获取资金的间接融资形式。加强区域多元化金融机构建设，一方面体现在如何提高政策性银行在对外直接投资融资中的作用，另一方面也要大力推动区域商业银行的规模扩大和业务发展，为企业的跨国投资加强信贷、融资扶持力度，扩大融资渠道，特别是加大对境外投资合作项目在投资担保、贷款补贴等方面的信贷支持力度，积极探索运用投资股权、境外资产等作为抵（质）押进行融资。

3. 加强信息服务平台与风险防范机制建设

一方面，强化对外直接投资政策引导，为企业对外直接投资发展提供政策保障。抓紧建设以全方位对外开放为核心服务内容的综合信息平台建设，提高"一带一路"沿线各国相关投资和贸易信息的收集、整理和发布功能，为有意愿和有条件从事跨国经营的企业提供及时、准确、完整的国外政策和项目机会信息，帮助企业节省成本。另一方面，相关政府管理部门应在对外投资管理方面继续遵循"企业主体、市场原则、国际惯例、政府引导"的原则，以市场为导向，督促开展对外直接投资活动的国内企业严格遵守国际投资法律法规，遵守国际投资惯例，从而提升我国跨国企业对外直接投资的合理性和合规水平，有效降低国际直接投资的政治风险。

（二）行业协会、服务中介等中观层面

行业协会是政府与企业沟通的桥梁和纽带，在促进政府与市场良性互动方面有着得天独厚的优势。行业协会能够深刻而敏锐地察觉到所处行业的生存状态、存在问题、潜在危险和发展前景，在深入推进"放管服"改革的大背景下，更需要行业协会发挥更大作用。行业协会、服务中介等第三方组织在推动企业"走出去"过程中发挥的作用越来越显著。在未来，行业协会与服务中介应主要做好两大方向的工作。

1. 充分发挥协会和网络平台的协调服务作用

专业的行业协会、服务中介可向投资企业提供可行性报告与评估、境外投资手续办理、劳务纠纷调解、权益保护咨询等专业中介服务。这些机构专业性强、知识面广、人脉资源丰富，掌握境外投资的相关信息也较为全面。在大数据时代，利用大数据的搜索与评价功能、积累和聚焦功能、行为动力学研究功能，服务于行业的规划与设计、监控与运行、评估与升级、评级与融资、预测与交易、消费与协调、政策制定与评估、行业规划与监管。针对企业创新过程中涉及的方方面面，建立一整套企业创新所涉及的社会协作服务体系：有促进创新成果转化的科技孵化器，有为各种创新资源提供整合场所的技术市场，也有由各种科技型企业组建的行业协会，还有对市场行为进行监督的知识产权评估机构，等等。同时，中介组织应针对企业创新过程的服务开展调研活动，确保所提供的服务与企业创新的服务需求实现有效对接。此外，中介组织内部的机构应强化彼此间的沟通，加强彼此间的合作联系，交换彼此所掌握的信息，更好地服务于企业。

2. 加强专业中介服务人才的培养与引进

通过开设境外投资培训班的方式加强对现有中介服务人才的培养力度，特别是加强在专业知识、语言能力、谈判技巧、心理素质、国际规则、涉外礼仪等方面的培训。在人才引进方面，制定相关政策大力吸引熟悉国外相关投资政策、流程操作、风险规避等专业知识的留学人员回国组建专门的中介服务机构，特别是出台有利于涉外律师队伍和涉外注册会计师队伍建设的优惠政策，支持境外投资专业律师事务所和会计师事务所的组建。

(三) 企业微观层面

企业作为我国对外直接投资的主体，其自身发展成为对外直接投资的关键。企业只有具备较好的发展基础、较强的实力、较高的管理水平和良好的制度保障，在对外投资过程中，具备正确、适当的投资战略，才能确保投资项目成功。

1. 实施品牌国际化建设

品牌代表着一个企业或商品的综合品质，是企业竞争力的象征。随着世界经济全球化深入发展，品牌国际化已成为不可抗拒的潮流。与美国、德国、日本等发达国家相比，中国在全球产业发展中具有核心竞争力的企业还很少，具有国际知名度和美誉度的企业也不多。近年来，随着中国"走出去"战略、"一带一路"国际合作的实施，中国企业加快了对外经济合作步伐，国际化品牌建设也成为中国企业对外投资合作的重要任务之一。首先要对传统优势品牌进行国际宣传，在解决各国对接技术层面问题的基础上，与当地政府、消费者、媒体等海外利益相关各方有效地沟通，在产业转移过程中加大对于自主创新的投入，以创新驱动中国自主品牌国际竞争力的塑造。同时，要想实现品牌的"落地生根"，必须促进资源配置的本地化、市场的本地化、营销方式的本地化，最大限度利用不同国家的资源，实现效益最大化。

2. 加大技术创新，打造企业核心竞争力

一方面，企业要加强技术投入和成果转化，搭建产学研合作平台，不断增强自主研发能力，积累技术创新优势。大力倡导以企业为中心、面向市场产学研合作的机制，同时也鼓励非核心技术竞争企业与纵向合作企业构建企业间合作研究。目前我国整体科学技术水平与发达国家相比，还存在一段不小的距离。通过与跨国公司合作，不仅可以实现企业间资源的优势互补，保证合作双方利益的实现；同时也可以促进企业技术的流动，有利于提高企业的协同合作。其次还可以在国外建立研发机构，这不仅可以吸收当地的高技术人才，还可以保证产品研发的国际化，从而提高企业在市场竞争中的优势。另一方面，企业要整合内部资源，通过技术创新和制度创新提高企业经营管理水平，提高企业生产能力和效率，通过更新设备、改进工艺、开发新产品等多种途径提升产品质量，不断推动企业流程与产品升级。在尽可能短的时间内，企业要从全球产业价值链的低端完成向价值链高端的攀升，通过产品创新、技术创新、管理创新等连续性创新过程开发自主知识产权的核心技术，全面提升产品质量，以技术创品牌。

3. 跨国投资本地化

企业遵守东道国法制和规章制度，积极融入当地人文环境，并履行社会责任。首先，要遵守东道国的法制和规章制度。境外企业要遵守东道国的劳务用工制度，合法雇用当地职工，促进当地就业，共享企业发展的成果；要遵守东道国环境保护制度，保护当地生产、生活和生态环境，共建生态文明型经济发展模式；要遵守当地市场经营的法制规则，合理合法经营，建立诚信、友好和负责任的企业形象。其次，积极融入当地人文环境，履行企业社会责任，与当地共建和谐友好的经济发展环境。

4. 做好海外投资制度风险的防范

首先，要认识到制度风险管理的重要性和提高对制度风险的认识。企业应该从战略层面重视如何控制制度风险，并积极借鉴欧美国家跨国公司的经验增强防范意识。此外，也要在企业层面建立预测、分析、评估和应对制度风险的机制，做到事前有准备、事中能应对和事后吸取教训。其次，将企业战略、制度风险和企业风险有效结合。企业必须对即将要投资的区域有充分了解，争取在企业制定投资战略之前就要认识到该区域可能会发生哪些制度风险，做到"知己知彼"。此外，也要做好事前预防制度风险的保险措施，如购买相关投资的保险，可以在事件发生后尽量减少损失。

参考文献

［1］ AKAMATSU K. A historical pattern of economic growth in developing countries ［J］. The Developing Economies Preliminary Issue, 1962 (1).

［2］ ANDERSON J E, VAN WINCOOP E. Gravity with Gravitas: A Solution to the Border Puzzle ［J］. American Economic Review, 2003, 93 (1).

［3］ ANDERSON J E. Gravity model ［R］. NBER Working Paper, No. 16576, 2010.

［4］ BAIER S L, BERGSTRAND J H. Bonus vetus OLS: A simple method for approximating international trade – cost effects using the gravity e-quation ［J］. Journal of International Economics, 2008, 77 (1).

［5］ BALDWIN R, OKUBO T. Heterogeneous firms, agglomeration and economic geography: Spatial selection and sorting ［J］. Toshihiro Oku-bo, 2006, 6 (3).

［6］ BERLIANT M, FUJITA M. Knowledge creation as a square dance on the Hilbert cube ［J］. International Economic Review, 2008, 49 (4).

［7］BONAGLIA F，GOLDSTEIN A，MATHEWS J A. Accelerated internationalization by emerging markets multinationals：The case of the white goods sector ［J］. Journal of World Business，2007，42（4）.

［8］BUCKLEY P J，CLEGG L ，CROSS A R，et al. The determinants of Chinese outward foreign direct investment ［J］. Journal of International Business Studies，2007，38（4）.

［9］CAROD A，MARIA J，SOLIS D L，MANJ M. Empirical Studies in Industrial Location：An Assessment of Their Methods and Results ［J］. Journal of Regional Science，2010，50（3）.

［10］COSTINOT A，VOGEL J，WANG S. An elementary theory of global supply chains ［J］. The Review of Economic Studies，2013，80（1）.

［11］ELMS D K，LOW P. Global Value Chains in a Changing World ［C］. World Trade Organization，Geneva，2003.

［12］FORSLID R. Agglomeration with human and physical capita：an analytically solvable case ［R］. Discussion Paper，Center for Economic Policy Research，2012.

［13］HARMS P O，LORZ D. Urban Offshoring along the production chain ［J］. Canadian Journal of Economics Revue Canadienne d'économique，2012，45（1）.

［14］HECKMAN J J，ICHIMURA H，TODD P. Matching as an Econometric Evaluation Estimator ［J］. The Review of Economic Studies，1998，65（24）.

[15] HIDALGO C A, HAUSMANN R. The Building Blocks of Economic Complexity [J] . Proceedings of the National Academy of Sciences, 2009, 106 (26) .

[16] HIDALGO C A, KLINGER B, BARABÁSI A L. The Product Space Conditions the Development of Nations [J] . Science, 2007, 317 (07) .

[17] HOOVER E M. The Location of Economic Activity [M] . New York: McGraw – Hill, 1963.

[18] HUMPHREY J, SCHMITZ H. Chain Governance and Upgrading: Taking Stock [C] . SCHMITZ H. Local Enterprises in the Global Economy Issues of Governance and Upgrading. Cheltenhan: Elgar, 2004.

[19] KANAME A. A historical pattern of economic growth in developing countries [J] . The Developing Economies, 1962, 1 (1) .

[20] KRUGMAN P. Increasing returns and economic geography [J] . Journal of Political Economy, 2002, 99 (3) .

[21] KYOSHI K. Direct Foreign Investment: A Japanese Model of Multi – National Business Operations [M] . London: Croom Helm, 1978.

[22] LECRAW D J. Outward direct investment by indonesian firms: Motivation and effects [J] . Journal of International Business Studies, 1993, 24 (3) .

[23] LECRAW D. Direct investment by firms from less developed countries [J] . Oxford Economic Papers, 1977, 29 (3) .

[24] LUO Y D, XUE Q Z , HAN B J. How Emerging Market Govern-

ments Promote Outward FDI: Experience from China [J] . Journal of world business, 2010, 23 (2) .

[25] MARIA S, ROBERTO S. International Relocation of Production and the Growth of Services: The Case of the Made in Italy Industries [J]. Transnational Corporations, 2012, 13 (2).

[26] MELITZ M J, OTTAVIANO G P. Market size, trade, and productivity [J] . Review of Economic Studies, 2008, 75 (1) .

[27] OTTAVIANO G L P. Model of "New Economic Geography": Factor mobility vs. vertical linkage [M] . in: Fingleton B. New Directions in Economic Geography. Chichester: Edward Elgar Publishing, 2007.

[28] PAVLINEK P. The internationalization of corporate R&D and the automotive industry R&D of east – central Europe [J] . Economic Geography, 2012, 88 (3) .

[29] PAVLíNEK P, ZENKA J. Upgrading in the automotive industry: firm – level evidence from Central Europe [J] . Journal of Economic Geography, 2011, 11 (3) .

[30] PELLENBARG P H, KNOBEN J. Spatial Mobility of Firms [M]. In Societies in Motion: Innovation, Migration and Regional Transformation, edited by FRENKEL A, NIJKAMP P, MCCAAN P. Edward Elgar, 2012.

[31] PORTER M E, VAN DER LINDE C. Towards a New conception of the environmental competitiveness relationship [J] . Journal of Economic Perspectives, 1995, 9 (4) .

[32] POYHONEN P. A Tentative Model for the Volume of Trade be-

tween Countries ［J］. Weltwirtschaftliches , Archieve, 1963, 90 (1) .

［33］ RAYMOND V. International investment and international trade in the product cycle ［J］. Quarterly Journal of Economics, 1966, 80 (2) .

［34］ RIDHARD B, RIKARD F, PHILIPPE M, et al. Economic Geography and Public Polity ［M］. Princeton: Princeton University Press, 2003.

［35］ SAHARIAH B, BORTHAKUR A. Demography: Probabilistic formulations for gravity models and equilibrium distribution of population ［J］. Stochastic Processes and their Applications, 1984, 2 (18) .

［36］ SAUVANT K, MASCHEK W, MCALLISTER G. Foreign direct investment by emerging market multinational enterprises, the impact of the financial crisis and recession, and challenges ahead ［R］. OECD Global Forum on International Investment OECD Investment Division, 2009.

［37］ SAVONA M, SCHIATTARELLA R. International relocation of production and the growth of services: the case of the "Made in Italy Industries" ［J］. Transnational Corporations, 2004, 13 (2) .

［38］ THOMAS C. Distorted Gravity: The intensive and extensive margins of international trade ［J］. The American Economic Review, 2008, 98 (4) .

［39］ TINBERGEN J. International Economic Integration ［M］. Amsterdam: Elsevier, 1954.

［40］ TINBERGEN J. Shaping the world Economy: suggestion for an international economic policy ［M］. New York: The Twentieth Century Fund, 1962.

[41] TRENKLER C, WOLF N. Economic integration across borders：The Polish interwar economy 1921—1937 [J]. European Review of Economic History, 2005 (2).

[42] WEBER A. The theory of the Location of Industries [M]. University of Chicago Press, 1929.

[43] WELLS L T. Third World Multinationals：the Rise of Foreign Investment from Developing Countries [M]. Cambridge：MIT Press , 1983.

[44] 艾萨德. 区域科学导论 [M]. 北京：高等教育出版社, 1991.

[45] 安虎森, 郑文光. 亚欧"世界岛"和重塑国内外经济地理 [J]. 甘肃社会科学, 2015 (6).

[46] 安虎森, 等. 新经济地理学原理 [M]. 北京：经济科学出版社, 2009.

[47] 安江林. "一带一路"轴带体系的空间结构和功能特点 [J]. 甘肃社会科学, 2016 (2).

[48] 白永秀, 王颂吉. 丝绸之路经济带：中国走向世界的战略走廊 [J]. 西北大学学报（哲学社会科学版）, 2014, 44 (4).

[49] 陈建军. 长江三角洲地区产业结构与空间结构的演变 [J]. 浙江大学学报（人文社会科学版）, 2007 (2).

[50] 陈建军. 中国现阶段的产业区域转移及其动力机制 [J]. 中国工业经济, 2002 (8).

[51] 陈景华. 承接服务业跨国转移的效应分析——理论与实证 [J]. 世界经济研究, 2010 (1).

［52］陈俊聪，黄繁华．对外直接投资与贸易结构优化［J］．国际贸易问题，2014（3）．

［53］陈伟光，郭晴．中国对"一带一路"沿线国家投资的潜力估计与区位选择［J］．宏观经济研究，2016（9）．

［54］陈伟光，王燕．共建"一带一路"：基于关系治理与规则治理的分析框架［J］．世界经济与政治，2016（6）．

［55］陈晓华，刘慧．成本上升、外需疲软与制造业技术复杂度演进——基于内外资和要素密集度异质性视角［J］．科学学研究，2014，32（6）．

［56］陈一博，宛晶．创业板上市公司全要素生产率分析——基于DEA－Malmquist指数法的实证研究［J］．当代经济科学，2012（4）．

［57］崔莉，雷宏振．基于传统地理空间和网络虚拟空间进行的两类产业转移之对比研究［J］．城市发展研究，2018，25（5）．

［58］戴宏伟．产业转移研究有关争议及评论［J］．中国经济问题，2008（3）．

［59］邸玉娜．欧盟对中国碳泄漏的测度与影响——基于世界投入产出表的分析［J］．资源科学，2016，38（12）．

［60］范文祥．国际产业转移对中国产业结构升级的阶段性影响分析［J］经济地理，2010（4）．

［61］方明月．资产专用性、融资能力与企业并购——来自中国A股工业上市公司的经验证据［J］．金融研究，2011（5）．

［62］葛顺奇，罗伟．跨国公司进入与中国制造业产业结构——基于全球价值链视角的研究［J］．经济研究，2015（11）．

［63］龚新蜀，乔姗姗，胡志高.丝绸之路经济带：贸易竞争性、互补性和贸易潜力——基于随机前沿引力模型［J］.经济问题探索，2016（10）.

［64］顾朝林.产业结构重构与转移——长江三角洲地区及主要城市比较研究［M］.南京：江苏人民出版社，2003.

［65］顾国达，周蕾.全球价值链角度下我国生产性服务贸易的发展水平研究——基于投入产出方法［J］.国际贸易问题，2010（5）.

［66］顾振华，沈瑶.知识产权保护、技术创新与技术转移——基于全球价值链分工的视角［J］.国际贸易问题，2015（3）.

［67］管昊.我国产业转移与区域碳排放演变研究文献综述［J］.当代经济，2016（23）.

［68］郭露，蒋夏，琚然.区际产业转移、因素识别与改进型引力模型应用分析［J］.科技进步与对策，2016，33（20）.

［69］韩燕，钱春海.FDI对我国工业部门经济增长影响的差异性——基于要素密集度的行业分类研究［J］.南开经济研究，2008（5）.

［70］韩永辉，罗晓斐，邹建华.中国与西亚地区贸易合作的竞争性和互补性研究——以"一带一路"战略为背景［J］.世界经济研究，2015（3）.

［71］郝景芳，马弘.引力模型的新进展及对中国对外贸易的检验［J］.数量经济技术经济研究，2012，29（10）.

［72］何剑，张梦婷.资本约束下的经济韧性重塑：基于全球价值链嵌入视角［J］.世界经济研究，2017（8）.

［73］侯丹丹. 后"雁行模式"时期东亚产品空间结构演化研究［J］. 国际经贸探索, 2018, 34 (6).

［74］胡鞍钢, 马伟, 鄢一龙. "丝绸之路经济带": 战略内涵、定位和实现路径［J］. 新疆师范大学学报 (哲学社会科学版), 2014, 35 (2).

［75］胡鞍钢, 马英钧, 高宇宁. "一带一路": 打造对外开放升级版, 创造全球性开放红利［J］. 河海大学学报 (哲学社会科学版), 2016, 18 (4).

［76］胡麦秀, 薛求知. 技术—环境壁垒与企业的最佳投资模式选择——绿地投资还是跨国并购［J］. 经济管理, 2007 (23).

［77］胡雪峰, 吴晓明. 医药企业并购战略对企业绩效的影响——基于我国上市企业数据的实证分析［J］. 世界经济与政治论坛, 2015 (2).

［78］华克思. 区域产业转移作用机理与发展路径研究［D］. 合肥: 中国科学技术大学, 2017.

［79］吉亚辉, 祝凤文. 技术差距、"干中学"的国别分离与发展中国家的技术进步［J］. 数量经济技术经济研究, 2011, 28 (4).

［80］江小娟. 中国对外开放进入新阶段: 更均衡合理地融入全球经济［J］. 经济前沿, 2007 (6).

［81］靳卫东, 王林杉, 徐银良. 区域产业转移的定量测度与政策适用性研究［J］. 中国软科学, 2016 (10).

［82］黎峰. 增加值视角下的中国国家价值链分工——基于改进的区域投入产出模型［J］. 中国工业经济, 2016 (3).

[83] 李陈，靳相木．基于引力模型的中心镇空间联系测度研究——以浙江省金华市 25 个中心镇为例［J］．地理科学，2016，36（5）．

[84] 李林玥，孙志贤，龙翔．"一带一路"沿线国家与中国的贸易发展状况研究——夜间灯光数据在引力模型中的实证分析［J］．数量经济技术经济研究，2018，35（3）．

[85] 李善民，李昶．跨国并购还是绿地投资？——FDI 进入模式选择的影响因素研究［J］．经济研究，2013（12）．

[86] 李姝．基于 Malmquist 指数法的火电上市公司全要素生产率增长来源分析［J］．宏观经济研究，2016（4）．

[87] 梁琦，陈强远，王如玉．异质性企业区位选择研究评述［J］．经济学动态，2016（4）．

[88] 梁琦．论资源空间配置观［J］．中国经济问题，2007（3）．

[89] 林乐芬，王少楠．"一带一路"建设与人民币国际化［J］．世界经济与政治，2015（11）．

[90] 林莎，雷井生，杨航．中国企业绿地投资与跨国并购的差异性研究——来自 223 家国内企业的经验分析［J］．管理评论，2014（9）．

[91] 刘红光，刘卫东，刘志高．区域间产业转移定量测定研究——基于区域间投入产出分析［J］．中国工业经济，2011（6）．

[92] 刘红光，王云平，季璐．中国区域间产业转移特征、机理与模式研究［J］．经济地理，2014，34（1）．

[93] 刘卫东，Michael Dunford，高菠阳．"一带一路"倡议的理

论建构——从新自由主义全球化到包容性全球化［J］. 地理科学进展，2017，36（11）.

［94］刘卫东，等. 中国 2007 年 30 省区市区域间投入产出表编制理论与实践［M］. 北京：中国统计出版社，2012.

［95］刘文革，肖园园. 契约质量与"一带一路"国家产业链提升研究［J］. 国际经贸探索，2016，32（5）.

［96］刘新争. 比较优势，劳动力流动与产业转移［J］. 经济学家，2012（2）.

［97］卢根鑫. 试论国际产业转移的经济动因及其效应［J］. 上海社会科学院学术季刊，1994（4）.

［98］路小静，时朋飞，邓志伟，等. 长江经济带旅游业绿色生产率测算与时空演变分析［J］. 中国人口·资源与环境，2019，29（7）.

［99］罗伯特·迪金森. 近代地理学创建人［M］. 北京：商务印书馆，1980.

［100］罗浩，戴志敏. 协调度视角下长江流域产业转移效率研究［J］. 科技进步与对策，2019，36（4）.

［101］罗长远，张军. 附加值贸易：基于中国的实证分析［J］. 经济研究，2014，49（06）.

［102］马风涛. 中国制造业全球价值链长度和上游度的测算及其影响因素分析——基于世界投入产出表的研究［J］. 世界经济研究，2015（8）.

［103］马建英. 美国对中国"一带一路"倡议的认知与反应［J］.

世界经济与政治，2015（10）．

[104] 马远，徐俐俐．丝绸之路经济带沿线国家石油贸易网络结构特征及影响因素 [J]．国际贸易问题，2016（11）．

[105] 毛丰付，王建生．保障性住房能够促进人口流动吗？——基于省际人口流动的引力模型分析 [J]．华东经济管理，2016，30（11）．

[106] 毛其淋，许家云．中国对外直接投资如何影响了企业加成率：事实与机制 [J]．世界经济，2016（6）．

[107] 彭波．要素报酬最大化原则在"一带一路"推进中的应用 [J]．国际贸易，2016（12）．

[108] 彭芳梅．粤港澳大湾区及周边城市经济空间联系与空间结构——基于改进引力模型与社会网络分析的实证分析 [J]．经济地理，2017，37（12）．

[109] 彭薇．共建"丝绸之路经济带"战略下中国与沿线国家产业转移研究——基于地缘经济的视角与引力模型的检验 [J]．经济问题探索，2018（1）．

[110] 皮建才，李童，陈旭阳．中国民营企业如何"走出去"：逆向并购还是绿地投资 [J]．国际贸易问题，2016（5）．

[111] 乔晶，胡兵．对外直接投资如何影响出口——基于制造业企业的匹配倍差检验 [J]．国际贸易问题，2015（4）．

[112] 乔小勇，王耕，郑晨曦．我国服务业及其细分行业在全球价值链中的地位研究——基于"地位—参与度—显性比较优势"视角 [J]．世界经济研究，2017（2）．

［113］饶华，朱延福. 效率寻求视角下中国对东盟国家直接投资研究——基于引力模型的实证分析［J］. 亚太经济，2013（6）.

［114］沈体雁，冯等田，孙铁山. 空间计量经济学［M］. 北京：北京大学出版社，2010.

［115］盛明泉，蒋世战，盛安琪. 高管海外经历与企业全要素生产率［J］. 财经理论与实践，2019，40（6）.

［116］隋广军，黄亮雄，黄兴. 中国对外直接投资、基础设施建设与"一带一路"沿线国家经济增长［J］. 广东财经大学学报，2017，32（1）.

［117］孙晓华，郭旭，王昀. 产业转移、要素集聚与地区经济发展［J］. 管理世界，2018，34（5）.

［118］覃成林，熊雪如. 我国制造业产业转移动态演变及特征分析——基于相对净流量指标的测度［J］. 产业经济研究，2013（1）.

［119］陶瑞妮. 全球价值链视角下中国对外产业转移研究［D］. 兰州：兰州大学，2018.

［120］王金波. 亚太区域经济一体化的路径选择——基于经济结构的分析［J］. 国际经济合作，2016（11）.

［121］王克岭，罗斌，吴东，董建新. 全球价值链治理模式演进的影响因素研究［J］. 产业经济研究，2013（4）.

［122］王瑞，温怀德. 中国对"丝绸之路经济带"沿线国家农产品出口潜力研究——基于随机前沿引力模型的实证分析［J］. 农业技术经济，2016（10）.

［123］王恕立，胡宗彪. 中国服务业分行业生产率变迁及异质性

考察 [J]．经济研究，2012，47（4）．

[124] 王恕立，滕泽伟，刘军．中国服务业生产率变动的差异分析——基于区域及行业视角 [J]．经济研究，2015，50（8）．

[125] 王迎新，刘学智．国际分工下的产业价值链：一个综述 [J]．商业研究，2014（7）．

[126] 王云平．产业转移问题研究的有关观点综述 [J]．经济管理，2013，35（6）．

[127] 卫玲，戴江伟．丝绸之路经济带：形成机理与战略构想：基于空间经济学语境 [J]．西北大学学报（哲学社会科学版），2014，44（4）．

[128] 魏后凯．现代区域经济学 [M]．北京：经济管理出版社，2006．

[129] 魏伟，杨勇，张建清．内资企业实现技术赶超了吗？——来自中国制造业行业数据的经验研究 [J]．数量经济技术经济研究，2011（9）．

[130] 吴晓波，姜雁斌．经济转型：基于网络分析的产业部门角色演化 [J]．科学学研究，2010，28（2）．

[131] 吴晓波，聂品．现代国际领域产品生命周期研究——对弗农（Vernon）学说的一种拓展 [J]．国际贸易问题，2005（5）．

[132] 武锐，黄方亮．跨境进入的模式选择：跨国并购、绿地投资还是合资公司 [J]．江苏社会科学，2010（6）．

[133] 小岛清．对外贸易论 [M]．周宝廉，译．天津：南开大学出版社，1987．

［134］谢里，张斐，彭郁. 产业转移的微观引导机制：一个包含市场和政策双重因素空间经济模型［J］. 湖南大学学报（社会科学版），2016，30（5）.

［135］徐欢，童炼，裘超杰. 基于引力模型研究地理因素对宁波市贸易发展的影响［J］. 商场现代化，2010（36）.

［136］薛安伟. 跨国并购提高企业绩效了吗——基于中国上市公司的实证分析［J］. 经济学家，2017（6）.

［137］严佳佳，刘永福，何怡. 中国对"一带一路"国家直接投资效率研究——基于时变随机前沿引力模型的实证检验［J］. 数量经济技术经济研究，2019，36（10）.

［138］杨本建，毛艳华. 产业转移政策与企业迁移行为——基于广东产业转移的调查数据［J］. 南方经济，2014（3）.

［139］杨平丽，曹子瑛. 对外直接投资对企业利润率的影响——来自中国工业企业的证据［J］. 中南财经政法大学学报，2017（1）.

［140］杨亚平，吴祝红. 中国对外直接投资的逆向溢出效应——基于企业异质性与微观面板数据的考察［J］. 产经评论，2015（11）.

［141］于翠萍，王美昌. 中国与"一带一路"国家的经济互动关系——基于 GDP 溢出效应视角的实证分析［J］. 亚太经济，2015（6）.

［142］张公嵬，梁琦. 产业转移与资源的空间配置效应研究［J］. 产业经济评论，2010（9）.

［143］张公嵬. 我国产业集聚的变迁与产业转移的可行性研究［J］. 经济地理，2010，30（10）.

[144] 张建伟，王贤，孟琳琳，黄蕊琦. 河南省产业转移的创新响应强度空间差异研究 [J]. 世界地理研究，2018，27 (4).

[145] 张静中，王文君. "一带一路"背景下中国—西亚自贸区经济效应前瞻性研究——基于动态 GTAP 的实证分析 [J]. 世界经济研究，2016 (8).

[146] 张理娟. 中国面向"一带一路"产业转移的国别选择及效应分析 [D]. 济南：山东师范大学，2017.

[147] 张立建. 两次国际产业转移本质探讨——基于产品生命周期理论视角 [J]. 统计研究，2009，26 (10).

[148] 张萌，张宗毅. 我国农机产品出口贸易流量及潜力——基于引力模型的实证分析 [J]. 国际贸易问题，2015 (6).

[149] 张鹏飞. 基础设施建设对"一带一路"亚洲国家双边贸易影响研究：基于引力模型扩展的分析 [J]. 世界经济研究，2018 (6).

[150] 张亭，刘林青，梅诗晔. 产品空间的动态演化 [J]. 管理评论，2018，30 (9).

[150] 张雨. 从雁行模式到"10+3"模式 [J]. 世界经济与政治论坛，2002 (5).

[151] 赵东麒，桑百川. "一带一路"倡议下的国际产能合作——基于产业国际竞争力的实证分析 [J]. 国际贸易问题，2016 (10).

[153] 赵宏图. 从国际产业转移视角看"一带一路"——"一带一路"倡议的经济性与国际性 [J]. 现代国际关系，2019 (3).

[154] 郑志来. 东西部省份"一带一路"发展战略与协同路径研

究［J］．当代经济管理，2015，37（7）．

　　［155］周保根．新形势下企业"走出去"的风险防范与利用［J］．国际经济合作，2016（11）．

　　［156］周伟，陈昭，吴先明．中国在"一带一路"OFDI 的国家风险研究：基于 39 个沿线东道国的量化评价［J］．世界经济研究，2017（8）．